AF265991

EL SECRETO
DE
LA TABLA ESMERALDA.

LOS SIETE PRINCIPIOS HERMÉTICOS

Y

LA LEY DE ATRACCIÓN

HERMES TRISMEGISTUS

"El Kybalion"

Lázaro R González

HOMO NOCETE IPSUM

authorHOUSE®

AuthorHouse™
1663 Liberty Drive, Suite 200
Bloomington, IN 47403
www.authorhouse.com
Phone: 1-800-839-8640

First published by AuthorHouse 1/7/2008

ISBN: 978-1-4343-5831-8 (sc)

Library of Congress Control Number: 2008900022

Printed in the United States of America
Bloomington, Indiana

This book is printed on acid-free paper.

"El Reino esta dentro de ti y está fuera de ti.
Cuando te conozcas a ti mismo, entonces es que
llegaras a saberlo y te daras cuenta que eres tu el
que es el hijo del padre viviente"

Evangelio de Thomas año 60 DC.

Cada uno de nosotros es Dios. Cada uno de
nosotros lo sabe todo. Solo necesitamos abrir
nuestras mentes para escuchar nuestra propia
sabiduria…

Buda.

Pedid, y se os dará; Buscad, y hallareis; Llamad y
se os abrirá. Porque todo aquel que pide, recibe y el
que busca, halla y al que llama se le abrirá…

Mateo 7- 7,8

La imaginacion lo es todo, una vision anticipada
de la vida que vendra.

-A Einstein-

*"The best way to predict your future is
to create it"*

- Stephen Covey -

Dice Stephen Covey en esta frase que traduzco:

<u>La mejor forma de predecir tu futuro es creandolo.</u>

Si se me pidieran hacer una descripción de lo que expongo en este libro en 11 palabras; confieso que no lo podría hacer mejor que él. Eso mismo es lo que he tratado de hacer en todas las páginas que siguen. Espero haber sido lo suficientemente explicito como para enseñar algo que aparentemente parece simple, pero que al mismo tiempo es muy dificil de implementar en la vida real. Me siento muy feliz por la gran útilidad que representará esta lectura y estudio para todos los que realmente estén interesados en salir del estancamiento de una vida monotona y aparentemente sin soluciones a sus problemas actuales. Pero tendrán que hacer ustedes su tarea, tendrán que ser tenaces y estar al vigilantes durante los próximos meses de actuar de acuerdo a las enseñanzas Heméticas aquí expuestas y despues esto se desarrollara mucho más facilmente, sobre todo al poder palpar los tremendos resultados que obtendrán de su esfuerzo personal. En tus deseos siempre apunta muy alto, apunta a la luna, si no le das, al menos le vas a pegar a algo que está muy por encima de lo que ahora tienes.

Eso es lo que quiero que hagan, apunten alto y verán los resultados.

Quiero bendecir en el nombre del Padre este libro,

a my, a todos ustedes, a los que lo lean y a los que no lo lean,

a mi esposa, a mis cinco hijos, a mis nueve nietos, a mis amigos, a mis enemigos

y a la humanidad por entero:

Con mucha salud, exitos, prosperidad, felicidad y paz.

Gracias padre por habermelo concedido

de acuerdo con tu voluntad divina, en armonia con todos,

bajo la gracia y de manera perfecta.

AMEN!
LÁZARO R GONZALEZ.

I- Prologo.

Cuando termines de estudiar y prácticar las enseñanzas de este libro:

Seras tán fuerte que nada podra perturbar tu paz interna.

Solo hablaras de buena salud, prosperidad y felicidad a todos.

Conoceras que tenemos algo grandioso dentro.

Consideraras solo el lado positivo de los eventos.

Tu optimismo será permanente y contagioso.

Pensarás, trabajarás y obtendrás solo lo mejor.

Estarás tán entusiasmado con el exito de los demas como por el tuyo.

Perdonarás a los otros y a ti mismo los errores del pasado.

Alcanzarás todos los grandes exitos que anhelas en el presente.

Le dedicarás una cálida sonrisa a todo ser que pase a tu lado cada dia.

Estarás muy ocupado haciendo mejoras constantes a tu vida.

No tendrás tiempo, ni deseos criticar a otros

Triunfaras tanto que no tendrás tiempo para preocuparte.

Serás muy noble para sertir rencor.

Muy fuerte para sentir miedo.

Muy feliz para sentir desaliento.

Te sentiras tán bien acerca de ti mismo que lo proclamaras con los hechos.

Sumaras tu fe, tus exitos y tu salud con la del resto de la humanidad.

Crearas tu propio universo, lo disfrutaras y lo compartiras.

Somos pequeños dioses en un constante proceso de creación.

Los limites no existen más que en tu mente, eliminalos.

II- Introducción.

"Los labios de la sabiduría están cerrados, excepto para los oídos de quien realmente quiere conocer y aplicar la verdad."

En la isla de Delfos en el mar Egeo aún se encuentran las ruinas de un templo erigido por los Griegos al dios Apolo hace mas de 3000 años. En los muros de ese templo las pitonisas ordenaron gravar la frase:

"Hombre conócete a ti mismo y conoceras al universo y a los dioses"

Esta frase enigmática ha sido un reto para los hombres durante siglos. Ella afirma que conocíendonos nosotros mismos seriamos capaces de conocer no solo nuestro universo, sino tambien a los dioses que lo rigen. Esta frase ha estado escrita en esos muros desde unos 300 años AdC.

De qué forma podíamos conocernos nosotros mismos? En esa epoca no existian manuales de estudios anatómicos o fisiológicos del cuerpo humano, tratados de psiquiatria o historias de la evolución de la humanidad. Lo poco que se conocía se trasmitía verbalmente y no era realmente mucho. Entonces como podriamos conocernos a nosotros mismos sin referencias externas? La respuesta es simple:

TODO EL CONOCIMIENTO ESTÁ DENTRO DE NOSOTROS MISMOS.

Si, asombroso verdad! Todo el conocimiento que atesora la humanidad en estos momentos a surgido de dentro de nosotros mismos. Nadie nos lo ha revelado, no lo hemos encontrado escrito en las paredes de alguna cueva, ni siquiera una deidad bondadosa nos lo ha enviado en forma de revelación sobrenatural, ni escrito en un libro o enviado por correo, fax o e-mail. No! Todo este saber ha sido elaborado usando la prodigiosa mente de los hombres. Empezando por las preguntas, las incognitas a descifrar, luego vinieron las ideas y los pensamientos que generaron los conceptos. Pasando luego a organizarlos y exponerlos de forma que formaran y completaran otras ideas, conceptos y conocimientos que integrados crearon toda la ciencia, tecnologia, arte, cultura y filosofia que hoy poseemos y que cada segundo incrementamos con nuevos príncipios, fórmulas, creaciones, funciones e invenciones. El hombre los creo usando su mente como único elemento generador del saber, descubriendo que era capaz de conocer cosas y en cierta etapa de su existencia comprendio:

QUE SE PODÍA CONOCER A SI MISMO.

En realidad esa fué la culminación de la busqueda del verdadero conocimiento. Pero ese conocimiento en principio solo fue percivido por unos pocos y permitieron transmitirla solo a los que ellos entendieron, estaban preparados para recibirla. Este conocimento fue realmente muy bien ocultado. Ellos eran miembros de organizaciones secretas que mantenían "El secreto" del triunfo solo para un grupo selecto de personas que ellos mismos escogian y que desde aquellas epocas fueron los que hicieron los descubrimientos cientifico-técnicos, escribieron las constituciones de los reinos y los estados, los manuales de filosofía, dirigieron la poíitica, la banca, la industria, la economía, el arte y todo lo importante para la humanidad. Algunos de esos iniciados avanzados son de todos conocidos: San German, Newton, Da Vincy, Marcony,

Edison, Maxwell, Einstain, Lumiere, Franklyn, Descartes, Washington, Lafayette y muchos otros, mágnificos exponentes de como los hombres pueden usar sus pensamientos, ideas e intención y ponerlas en funcion de un objetivo primordial, para si mismos y para el beneficio de toda la humanidad al conocer como usar estos principios de filosofía mística.

Fue en el antiguo Egipto donde se elaboraron las píimeras ocultas enseñanzas esotéricas fundamentales que formaron un compendio de esas escondidas enseñanzas místicas como doctrinas secretas. Allí estaba la gran logia de los místicos. Entre estos grandes maestros estaba

HERMES TRISMEGISTUS.

Él fue indudablemente el padre de la sabiduría oculta, fundador de la astrología, descubridor de la alquimia. Vivio en Egipto, en los prímeros días de las más viejas dinastías, mucho antes de los tiempos de Moisés, contemporáneo de Abraham, tradiciones judías llegan a afirmar que Abraham mismo adquirió conocimientos místicos de Hermes. Los egipcios deificaron a Hermes, y le hicieron uno de sus dioses bajo el nombre de Thoth; le llamaron "el escriba de los dioses" y le confiriéron, el sobrenombre de Trismegistus, que significa «el tres veces grande» Los griegos también lo hicieron uno de sus dioses «Hermes, el dios de la sabiduría y el equilibrio» El nombre de Hermes Trismegistus es sinónimo de la sabiduría secreta. Aún en nuestros días, usamos el término hermético en el sentido de secreto, los seguidores de Hermes siempre mantuvieron el princípio del secreto en sus enseñanzas y se mantuvo así por miles de años. Pero las propias leyes místicas no permiten que exista algo que pueda permanecer oculto por siempre y finalmente se pudo conocer que esta filosofía Hermética estaba delineada por 7 princípios fundamentales contenidos en La Tabla Esmeralda".

Cuando explique detalladamente todos estos princípios herméticos, encontraremos tambien que "La Ley de Atracción" es parte integrante en todos y cada uno de ellos.

Este resurgir del interes por las teorias misticas que durante mucho tiempo se mantubieron ocultas, pero que fueron usadas en cierta forma, sin excepción por todos los grandes maestros de la humanidad Lao Tse, Baghavadigta, Pitagoras, Aristoteles, Zoroastro, Upanishads, Budah, Jesus. Es un esfuerzo encomiable al cual me quiero unir en su divulgación de la propagación de estas enseñanzas que demuestra la etapa de madurez a que a llegado la humanidad en su conjunto. Si usted está en este momento leyendo este árticulo es que usted está preparado para recibir el conocimiento e integrarlo a su propia filosofía de vida y a su desarrollo personal. No es una casualidad que esta informacion halla llegado a sus manos. Las casualidades no existen. El termino casualidad es símplemente una forma de nombrar una ley que no se conoce exáctamente. Lo que voy a explicarles despues es la escencia de estos prícípios Herméticos en forma simpl, detallada y práctica pero rigurosamente apegados a las orígínales expuestas en El Kybalion. Aquí les manifestare máximas, axiomas y preceptos de El Kybalion didacticamente para penetrar la enseñanza y hacerla comprensible. Confio que a las personas a los que ofrezco ahora este trabajo derivarán tanto beneficio del estudio de sus páginas como lo han hecho los muchos adeptos que han pasado antes, recorriendo el mismo sendero hacia la maestría. Así es que, de acuerdo con la ley, el publicar este trabajo y ponerlo a disposición de ustedes, atraerá la atención de esos que están preparados para recibir la enseñanza. Y así se cumpla la ley:

CUANDO EL HOMBRE ESTÉ LISTO PARA RECIBIR LA VERDAD, ENTONCES EL CONOCIMIENTO VENDRÁ A ÉL.

TAL ES LA LEY. EL PRINCÍPIO DE CAUSA Y EFECTO, EN SU ASPECTO DE LA "LEY DE ATRACCIÓN", JUNTARÁ CONOCIMÍENTO Y ATENCIÓN, ALUMNO Y MAESTRO.

¡ASÍ SEA!

III- Los Siete Principios Herméticos.

1ˢᵗ.- Principio Del Mentalismo

(El todo es mente, el universo es mental)

- El que comprenda la única verdad de que el universo es mental, está muy avanzado en el sendero del adeptado. De la forma que puedas dirigir, concentrar y utilizar tu calidad mental; dependera tu desarroyo y tu triunfo en esta vida.

- Nada es, todo se transforma y cambia constantemente. Nada permanece. Todo nace, crece y muere. Tan pronto como algo ha adquirido su máximo desarrollo empieza a declinar hasta que muere y luego renacerá de sus cenizas purificado y recomenzará el interminable ciclo.

- Las especulaciones de los teólogos y metafísicos sobre la naturaleza del TODO son esfuerzos infantiles, el TODO es inexplicable, indescriptible.

- Nada asciende más allá de su propia fuente, nada puede manifestarse en un efecto si no lo está también en la causa, nada evoluciona si no ha involucionado antes.

- El Universo es una creación mental sostenida en la mente del TODO.

- De igual forma que uno puede crear nuestro propio universo en su mente, así el TODO crea los cosmos en la suya propia. Más nuestro universo sería la creación de una mente finita y la del TODO es la creación infinita. Las dos son iguales en clase pero diferentes en grado. Las creaciones en tu mente deberan tener como finalidad no solo las de tu propio beneficio pero tambien el beneficio de la humanidad entera como un todo. Deberas actuar como un verdadero Dios en miniatura porque realmente eres la expresión humana del TODO.

- Tu generas y atraes con tus pensamientos, imaginacion y sentimientos todo lo bueno o malo que te ocurre en tu vida. Utiliza esta verdad para que trabaje a tu favor.

- Hay seres cuyos poderes y atributos son más elevados que los del hombre, y éstos en un tiempo fueron lo que nosotros somos ahora.

- La muerte no es real, es un momento de transcición, es nacer a una forma vida nueva, ascendemos y seguimos ascendiendo a planos de vida cada vez más elevados, y al fin del gran ciclo de eones, cuando el TODO reabsorva sus creaciones en sí mismo, entonces seremos capaces de comprender la verdad de ser UNO con el TODO.

- La vida como la conocemos es simplemente un transito entre dos eternidades. Vienes de una eternidad cuando naces y regresas a una eternida en el momento de la muerte. La muerte no es verdad cuando se ha cumplido

satizfatoriamente tu misión en la vida terrenal. Tu misión en
la vida es ser exitoso, triunfar aprendiendo como controlar
tu más valioso instrumento, tu mente.

- Da tu primer paso con fe, y sigue asi, no temas, no importa
si no ves claro el camino completamente, enfocate en el
final que anhelas; y sigue hacia delante. Triunfaras!

- Todo lo que somos es el resultado de nuestros pensamientos.

- La imaginacion lo es todo, es una vision anticipada de la vida
que vendra. Si en la mente de algunos hombres avanzados
no existiera una imaginación fantastica, la humanidad se
estancaria.

- Cualquier cosa que la mente del hombre pueda concevir,
tambien la puede alcanzar.

- Todo lo que llega a tu vida bueno o malo tu lo atraes con tus
ideas, pensamientos y sentimientos eres un iman que atraes
a tu vida todo lo que permanence en tu mente. Siempre ,
cada minuto pensando estas en un proceso de creación. Tu
mente no es más que un iman de infinita potencia.

- Todo es atraido a ti por medio de las imagines que produces
en tu mente. Lo que piensas, imaginas o sientes son fuerzas
de atracción que convertiran en realidad eso en que piensas.
Si tus imagines y pensamientos son negativos llenaras tu
vida de situaciones desagradables; pero si sus pesamientos
son positivos atraeras a tu vida situaciones de alegria,
prosperidad y salud.

- Si quieres tener una vida exitosa aferrate a los pensamientos
de aquello que deseas. Piensa concretamente lo que deseas
cambiar, lo qued eseas construer, lo que más anhelas y esto
vendrá a tu vida. Sea lo que sea. No importa lo complicado,
caro o dificil que sea.

- Solo tu puedes cambiar el camino de tu vida. Nadie más puede hacerlo por ti. Piensa y visualiza lo que deseas como si ya lo posees.

- Atraes hacia ti todo lo que pienses.

- Multiplicas todo lo que agradeces.

- Reafirmas todo lo que bendices.

- El poder generador de cosas de tu mente es inmenso haz que trabaje para ti.

- Con tu mente tu eres capaz de crear tu propio Universo durante tu vida en la tierra.

- Tu destino esta atado a las imagines que generas y mantienes en tu mente, cuanto más firmemente te aferres a ellas más rapidamente vendrán a tu encuentro.

- Las personas que constantemente piensan en lo que no quieren, precisamente lo atraen a su vida. Por lo tanto tienes que eliminar los pensamientos negativos y concentrarte en los positivos.

- Cuando tu estas enojado, temeroso, furioso; eso es lo que atraes, personas enojadas, temerosas y furiosas que traeran más contratiempos a tu vida.

- Cualquier viaje por largo que sea, siempre comienza con un primer paso. Un niño Cuando nace comienza por dar un primer paso y despues serán millones de pasos y llegará lejos, hasta donde el desee si conoce y usa estos principios. No temas dar ese primer paso, es sencillo y solo te involucra a ti, tu mente y tu desición de triunfar

- Visualiza lo que más deseas en tu vida, ese es tu primer paso, visualizalo con toda tu fe y energía, y sigue así todos los dias, piensa en lo que deseas y como lo deseas cada segundo, no temas, no importa si no ves claro el camino Cuando las cosas comienzan a moverse en la direccion que tu deseas. Enfocate en el final que anhelas y sigue hacia delante, considera que ya lo tienes en tu manos y agradecelo como si ya lo estuvieras disfrutando. Si las cosas no van en la dirección deseada, entonces tienes que desechar esos pensamientos que te alejan de tu meta final y concentrarte más en lo que quieres; no en lo que no quieres.

- Los pensamientos positivos son más poderosos que los pensamientos negativos. Puedes destruir los pensamientos negativos que te atraen cosas negativas usando pensamientos positivos y desechando los negativos. Toma tus pensamientos negativos e imaginate quemandolos en una hoguera mental.

- Cuando sonries hacia afuera, tambien sonries hacia dentro de ti. La sonrisa exterior actua tambien hacia dentro de tu cuerpo y tu espiritu. Esta probado que sonreir siempre conduce a una buena salud, mejora el estado de animo y nos hace más fuertes y capaces.

- Este principio del mentalismo contiene la verdad de que la mente es infinita e infinitamente poderosa y es en última instancia la fuente de creación única. "Todo es un producto de la mente". Explica que el TODO, que es la realidad sustancial que se oculta detrás de todas las manifestaciones y apariencias que conocemos bajo los nombres de universo, primera fuerza, fenómenos, padre, dios, materia, energía, Chi, Prana, etc., y en una palabra, todo cuanto resulta sensible o insensible a nuestros sentidos fisicos, pero que existe, es la suprema energía, "EL" quién en sí mismo es incognoscible e indefinible, es una mente infinita, universal y eternemente existente.

- Explica que todo el mundo fenomenal o universo es una creación mental del TODO por cuya mente vivimos, nos movemos y tenemos nuestro ser. Este principio, al establecer la naturaleza mental de la creación del universo, explica los fenómenos mentales y psíquicos que tanto han ocupado nuestra atención y que sin tal explicación no son comprensibles y desafíaron las antiguas hipótesis científicas que ahora se apoyan en estos principios metafísicos para explicar el comportamiento aberrante de la materia y la energia a nivel quántico. La comprensión de este principio hermético de mentalismo habilita al individuo a realizar y conocer la ley que rige la transformacion de un universo mental en su calidad material, aplicándola a su propio bienestar y desarrollo. El estudiante de la Filosofía Hermética puede emplear conscientemente las grandes leyes mentales, en vez de usarlas por casualidad o ser usado y a veces abusado por ellas. Con esta clave maestra en nuestro poder, el discípulo puede abrir las puertas del templo del conocimiento mental y psíquico y entrar en el mismo, libre e inteligentemente.

- Este principio explica la verdadera naturaleza de la energía, de la fuerza y de la materia, y el cómo y el porqué todas estas están subordinadas al dominio de la mente. Uno de los antiguos Maestros escribió tiempo atras: "El que comprenda la verdad de que el universo es mental, está muy avanzado en el sendero de la maestría". Y estas palabras son tan verdad hoy en día como lo eran cuando fueron escritas hace miles de años atras. Sin esta clave maestra sería imposible, y el estudiante que no la posea, en vano llamará a la puerta del Templo de la sabiduria.

- Muchos se confunden al leer este principio hermetico creyendo que todo es producto de la mente personal que nada es real o que se vive en una especie de mundo imaginario donde somos solo son los sueños de una entidad suprema que se rie y maneja nuestro destino caprichosamente. No es así. El TODO creo un infinito universo de energia/materia que es lo que nos rodea desde el punto de vista de creación conjunta, que incluye la naturaleza toda y el ser humano en particular que esta hecho a imagen y semejanza de este TODO, en todo. Somos espiritus y energia/materia que escapamos a nuestras limitadas definiciones, tal y como seria imposible tratar de definir al TODO.

- Si el universo es mental y el "TODO" es solo mente; significa que el ser humano es un pequeño "TODO" y es mente también y es capaz de acceder a esa parte que podriamos llamar "La Conciencia Universal" o "Mente Creadora", así pues entraría la conexión con su yo divino que es al mismo tiempo interior y tambien radica con su creador "EL TODO", que es su verdadero y único origen. Estando en posesión de este conocimiento, tenemos la libertad que EL nos ha otorgado, de orientar nuestros pensamientos en forma positiva o negativa utilizando nuestro Libre Alberdrio. Lo que sembremos, eso cosecharemos. No es difícil la elección. La mente contribuye al éxito del individuo o a su fracaso. La fe es también una actitud mental cuya primera utilización es tenerla en nosotros mismos. La mente lo maneja todo.

- Siempre ten presente esto:

  1- Tu atraes lo piensas.
  2- Multiplicas por lo que agradeces.
  3- Engrandeces lo que bendices.

- Por lo tanto: Al despertar, con alegria, bendice tu jornada, el dia que te espera, porque está ya desbordando una abundancia de bienes que tus bendiciones harán aparecer. Porque bendecir significa reconocer el bien infinito que forma parte integrante de la trama misma del universo. Ese bien lo único que espera es una seña tuya para poder manifestarse.

- Bendice al cruzarte con la gente por la calle, el auto que usas, en tu lugar de trabajo, el agua con que te bañas, la comida que comeras, bendice a todos. La paz de tu bendición será la compañera de su camino y el aura de su discreto perfume, será una luz en su itinerario. Bendice a los que te encuentres, derrama tu bendición sobre su salud, su trabajo, su alegría, su relación con Dios, con ellos mismos y con los demás. Bendice a todos en todas las formas imaginables, porque esas bendiciones no sólo esparcen las semillas de la curación, sino que algún día brotarán como otras tantas flores de gozo en los espacios áridos de sus vidas y de la tuya propia.

- Bendice tu ciudad, tu casa, tu familia, tus vecinos, tus gobernantes, a los educadores, enfermeras, barrenderos, sacerdotes, policias en fin a todos. Cuando alguien te muestre alguna agresividad, cólera o falta de bondad, responde con una generosa bendición silenciosa.

- Tu no estas aqui para juzgar o castigar a nadie dejale esas atribuciones a quien le pertenece, a EL. Inclusive EL mismo decidió que "tu recogeras lo que siembres". Pon una distancia entre tu y esa persona colerica, irrazonable que está atrayendo tantas cosas desagradables a su vida. Bendicelo sinceramente, gozosamente, porque esas tus bendiciones son un escudo que te protege de la ignorancia de su maldad, y cambia de rumbo la flecha que te han disparado.

- Bendecir es amar incondicionalmente, totalmente y sin reserva alguna el bien ilimitado —para todos y para los acontecimientos de la vida- haciéndolo aflorar de las fuentes más profundas y más íntimas de tu ser. Esto significa venerar y considerar con total admiración lo que es siempre un don del Creador, sean cuales fueren las apariencias. Quién sea afectado por tu bendición es un ser privilegiado, consagrado, entero. Bendecir, significa invocar la protección divina sobre alguien o sobre algo, pensar en él con profundo reconocimiento. Significa también llamar a la felicidad para que venga a él. Todos tus pensamientos de bondad regresaran a ti desde los que has bendecido y se multiplicara tu felicidad.

- Bendecir significa reconocer una belleza omnipresente, oculta a los ojos materiales. Es activar la ley universal de la atracción que, desde el fondo del universo, traerá a vuestra vida exactamente lo que necesitas en el momento presente para crecer, avanzar y llenar tu vida de gozo. Es imposible bendecir y juzgar al mismo tiempo. Mantén en ti ese deseo de bendecir como una incesante resonancia interior y como una perpetua plegaria silenciosa, porque de este modo serás un artesano de la paz, la felicidad, la prosperidad y descubrirás por todas partes el rostro mismo de Dios. Y por encima de todo, no te olvides de bendecir a esa persona maravillosa, absolutamente bella en su verdadera naturaleza y tan digna de amor, que eres tú mismo.

- La voluntad: Si tu crees que lo puedes hacer, entonces tu lo puedes hacer, pero si tu crees que no lo puedes hacer, entonces tu no lo podras hacer. Funciona igual de las dos maneras. Tus pensamientos e ideas son el motor generador de tu prosperidad en la vida, pero tambien pueden ser la cadena que tu mismo amarras a tus pies y te impiden avanzar. Tu alcanzaras lo que deseas si crees que lo podras alcanzar y estás seguro que lo vas a tener. Así que piensa siempre en positivo, desecha las negatividades.

- Todo en el universo es energía. La luz, el sónido, las radiaciones, los pensamientos, son energía y cualquier tipo de energía se puede transformar al nivel Quantico en materia de la misma forma que a ese mismo nivel Quantico esa materia pueden convertirse en manifestaciones energéticas.

- Todo en el universo está conectado. Nada esta solo, flotando independientemente. Todo está atado por su origen al TODO y aún intrinsecamente por si mismos todos estamos conectados de forma invisible a todo lo que nos rodea y lo que está lejano relativamente. Percivimos el calor de un objeto antes de tocarlo, escuchamos sonidos lejanos que no estan dirigidos a nosotros, estamos conectados al sol pues sentimos su calor. Los lejanos planetas ejercen profundas influencias en nosotros constantemente de acuerdo a sus posiciones en el cielo. De acuerdo a las fases de la Luna aumentan los crimenes, los nacimientos de hembras o de varones, mejoran las cosechas. La mayor o minima variación en la proximidad de la luna a la tierra produce las mareas y hay quien no le da importancia pero en ciertas partes de la tierra es de vida o muerte porque la diferencia entre la marea alta o baja puede ser de más de 36 pies. Las tormentas solares producen el anormal calentamiento o enfriamiento de los oceanos produce más o menos lluvias, más o menos huracanes. De acuerdo al color del cielo nosotros tenemos más o menos energia que nos permiten vivir alegres o no, en invierno aumentan más los suicidios. Un lindo atardecer nos pone romanticos, un dia gris nos pone tristes.

- Pero por encima de todo EL, nos ha dado la gracia del poder de nuestra mente, todo es consecuencia de como utilicemos nuestros pensamientos. Seamos inteligentes y generosos. Usemos nuestra mente para nuestro beneficio pero tambien para el beneficio de los demas.

LA LEY DE ATRACCIÓN ES UN EFECTO DEL PRINCÍPIO DEL MENTALISMO.

Todo en el universo es mente, el universo es mental, por lo tanto tu puedes mediante el uso de tu mente "atraer" cosas a tu universo "particular" Tu puedes con las poderosas energías que emanan de tus ideas, pensamientos y sentimientos; atraer todas las cosas que deseas si sabes controlar tu mente. Este secreto es la respuesta a todo lo que ha sido, todo lo que es y todo lo que será por siempre. Despues de que se conoce la verdad de que el Universo es una creación mental y que tu siguiendo las enseñanzas puedes crear tu propio universo a tus deseos y medida. Es facil entender las cosas maravillosas que podemos hacer utilizando el efecto de La Ley de atracción en el principio del Mentalismo.

No encontraras respuestas acerca de ti o de tu destino mirando hacia las estrellas. Es mirando dentro de ti mismo y proyectandote con la inmensa energía generada por tu propia y mente, que encontraras el mecanismo y el conocimiento con el cual tu podras alcanzar el triunfo en tu destino. Tu tienes un camino de exitos que recorrer, y lo tienes que empezar ahora mismo. No lo pienses más, no lo sigas posponiendo; ayer no lo hiciste, mañana no sabes si lo podras hacer, es hoy, es ahora mismo que lo tienes que hacer. No busques más pretestos, si los buscas siempre los encontraras. Al TODO le gusta la rapidez. No te demores, no te detengas, no dudes, no lo pienses tanto. Sigue tu impulsos, sigue tu intuición. Piensa realmente a donde quieres llegar, que es lo que quieres ser, como es la pareja que deseas tener, donde quieres vivir, cuanto deseas ganar, que deseas mejorar en tu salud. Definelo claramente con detalles, es más escribelo en un papel y ponle la fecha. Todos los dias abre ese papel que tienes escrito con todos tus sueños y leelo, creelo, vivelo y disfrutalo como si ya fuera tuyo. Chequea la fecha de cuando en cuando porque poco a poco veraz que tu camino se endereza en la dirección que escogiste y que todo lo que pedistes está llegando a tu vida.

No tienes porque sentirte confinado como en una limitada prisión por las circunstancias presentes, porque esas circinstancias son la consecuencia de tus pensamientos actuales. Cambia tus pensamientos y canbiarán esas circunstancias.

Tu no tienes que tener un plan completo y detallado de todo lo que tienes que hacer para alcanzar tus sueños. Empieza con una idea más o menos general y luego poco a poco a medida que avances la vas puliendo, la vas elaborando y perfeccionando, le vas añadiendo o quitando cosas.

Cuando quieras cambiar tus circunstancias, cambia tus pensamientos. Tus pensamientos definen que es lo que va a ocurrir en tu vida.

Piensa en lo que deseas, piensa en lo que quieres. Pon en linea tus ideas, pensamientos y sentimientos con tus más caros anhelos y deseos.

Espera siempre lo mejor, lo grande, lo excelente. No apuntes bajo, apunta alto a la prosperidad y a la abundancia. Si vas a pedir pide en grande, no te limites. Los Limites los pones con tu propia mente.

Elimina la frase: No puedo.

Sustituyela por: Si lo voy a conseguir, lo voy a tener.

Todo lo que eres o lo que seras es el resultado de tus ideas, tus pensamientos y tus sentimientos. Tus sentimientos son una fuerza tremenda. Imaginate que clase de fuerza ponderosa son los pensamientos, que todo el Universo es una creación mental.

Así que purifica esos pensamientos y solo dale lugar a los pensamientos de alegria, esperanza, regocijo, gratitud, amor, perdón.

Como te dije el plan no tiene que ser perfecto es como cuando tu manejas un auto por una carretera de noche. Solo ves una distancia de unos 100 pies delate de ti. En la vida real solo ves delate de ti cuando inicias un camino nuevo una parte de ese camino, pero cada episodio o etapa se te descubrira parte por parte, al igual que en la carretera no podras ver delante de ti la totalidad de ese camino, este se te ira revelando por etapas; y por su puesto por etapas tendras que ir haciendo tus ajustes. Lo que tienes que tener bien claro a donde es que quieres llegar.

Tienes que creer en ti, en tu capacidad de triunfar, en tu verdad, que es lo que realmente tu anhelas tener en la vida.

A los iniciados desde la epoca de Hermes les enseñaron este secreto, los Maestros e iluminados de los antiguos pueblos Egipcios, Israelitas, Chinos, Indues, Babilonios, siempre han tenido acceso al conocimiento secreto con el que se hicieron del poder.

Como he dicho fué y es aún un pequeño y selecto grupo de personas en la historia de la humanidad que lo han tenido sin querer compartir este conocimiento tan transcendental y a la vez tan simple.

Solo un pequeñisimo grupo de la humanidad posee posee casi todas las riquezas del mundo entero. Por qué ese número tan pequeño de personas tambien detenta el poder politico, cientifico, economico y cultural en el mundo? Es una coincidencia que todos las grandes obras cientificas, tecnicas y artisticas han sido realizadas por esta élite?

¿Piensas que es una casualidad? No, no es una casualidad. Está diseñado de esa manera. Ellos conocian algo que no deseaban compartir. Conocen y practican secretamente las enseñanzas de "La Tabla Esmeralda" "Los siete pricipios Herméticos" y aplican perfectamente el primero de esos principios que intrinsecamntete incluye "La ley de atracción."

Y tú ahora estás en condiciones de ser introducido a esos valiosos secretos.

Los lideres en el pasado que conocian "El Secreto", quisieron ocultar su poder y no compartirlo. Así que mantuvieron a la gente ignorante, porque creían que ellos eran los escogidos y que el resto de la humanidad no era merecedor de conocerlo, las personas trabajaban, hacían su oficio y volvían a sus casas tan cansados que no teian fuerzas ni voluntad de tartar de ascender en la escala, muchos hacian y hacen un trabajo monótono, alejados de las inquietudes intelectuales, el crecimiento personal y sobre todo del poder, es por esto que este secreto era guardado celosamente por unos pocos. Muchos aún conociendo la forma de salir de ese estancamiento, no tienen la fuerzas internas necesarias para sacudirse de toda esa inactividad que los mantiene atado a ese trabajo mecánico diario, como si fueran automatas. Y que los mantiene como ovejas en un corral sin ninguna otra esperanza, por su falta de esfuerzo y desición para salir de ese estancamiento.

Yo firmenmente confio que al poseer este conocimiento secreto comprendas que puedes tener, hacer o ser cualquier cosa que desees.

Todos podemos tener cualquier cosa que deseemos, no importa cuan grande o complicada sea. Tenemos ese poder infinito que te puede sacar de esa vida monotona, sin atractivos, llena de pesares sin aparente solución y ponerte en el camino de una vida plena de felicidad, salud y prosperidad.

Preguntate:

¿En qué tipo de casa quieres vivir?

¿Cuanto dinero deseas ganar?

¿Qué tipo de trabajo quieres desempeñar?

¿En que quieres tener éxito?

¿Qué realmente deseas de verdad que ocurra en tu vida?

Existen muchisimos ejemplos que inclusive tu conoces de personas los que algunos los consideran milagros financieros, milagros de sanación física, curación mental, curación en las relaciones de las parejas, entre padres e hijos. Todo esto ha ocurrido por saber cómo aplicar estos conocimientos. Inclusive muchas veces las personas han aplicado la ley de atracción sin conocerla, solo por fé. Porque la fe es una parte muy inportante de todo esto. Tienes que tener fe, una abundante fe, en ti mismo y en que con este gran poder de tu mente, que tienes y que no conocias, vas a poder cambiar tu vida, vas a poder alcanzar todo lo que deseas. Y en esto consiste absolutamente "El Secreto", en pedir con fe y se te concerdera, este es el secreto. Este es el gran secreto de la existencia. Todos tenemos a nuestro alcance un poder, ese poder es el conocimiento de que tu con la capacidad de tu mente, tus ideas, pensamientos y sentimientos puedes atraer a tu vida todo lo bueno que desees.

En los siguientes parrafos hare una apretada sintesis de como establecer un plan de soluciones.

Todo lo que llega a tu vida tú lo atraes y lo atraes por virtud de las imágenes que mantienes en tu mente. Lo que piensas, lo que sea que sostienes en tu mente, tú lo atraes. Esas imagines que tienes en tu mente son enviadas fuera de ti hasta donde rádica la fuente de energía del universo y esa fuente de energía siempre está dispuesta a complacer tus deseos, siempre está dispuesta a hacer realidad tus ideas, pensamientos y sentimientos.

Este libro no esta escrito para satisfacer a alguna denominación religiosa en especifico, pero si me gusta citar a los grandes maestros. Al pricipio de este libro tienen varios pasajes de ellos yo los voy a repetir aqui de nuevo, quiero que los lean detenidamente y los mediten. A lo largo de muchos siglos los grandes maestros trataron de enseñar todo esto, quizas un poco veladamente:

"El Reino esta dentro de ti y está fuera de ti. Cuando te conozcas a ti mismo, entonces es que llegaras a saberlo y te daras cuenta que eres tu el que es el hijo del padre viviente"

Evangelio de Thomas año 60 DC.

Cada uno de nosotros es Dios. Cada uno de nosotros lo sabe todo. Solo necesitamos abrir nuestras mentes para escuchar nuestra propia sabiduria…

Gautama Buda.

Pedid, y se os dará; Buscad y hallareis; Llamad y se os abrirá. Porque todo aquel que pide, recibe y el que busca, halla y al que llama se le abrirá…

Palabras de Jesus escritas por el
Apostol Mateo 7- 7,8

La imaginacion lo es todo, una vision anticipada de la vida que vendra.

-Albert Einstein-

Si meditas hacerca de lo que se ha escrito en la docena de renglones anteriores y los analizan detenidamente. Ellos están manifestando en un grandisimo poder de sintesis lo mismo que he tratado de exponer en todo el libro que lees. Los escribieron apostoles, filosofos, y hasta físicos en una diferencia de miles de años.

Pero para hacerte la tarea un poco menos densa y más amena traigamos a este instante una historia que cuando niños la conociamos muy bien:

Imaginate que eres "Aladino" el de la lampara maravillosa de los cuentos de el libro "Las mil y una noches arabes"

Te recuerdas que Aladino se encontro una lampara vieja y Cuando tratando de limpiarla la froto y salio un genio inmenso de dentro de la lampara y dijo con una voz atronadora:

"Tus deseos son mis ordenes".

Y a partir de ese momento el genio le concedio a Aladino todo lo que este le pidio sin excepciones. Todo se lo concedió.

Pues hazte la idea de que ahora te enteraras que toda tu vida haz tenido esa "lampara magica" semejante a la de Aladino major dicho major que la de aladino por que es real y esta lampara mágica no es más que el poder de tu mente y que no tienes ni siquiera que frotarla, lo unico que tienen que hacer es usarla sabiamente en tu propio beneficio, usar tus pensamientos en beneficio tuyo; pensar en que es lo que quieres, cuando lo quieres y como lo quieres y mantenerlo fijo en tu mente en todo momento. Entonces el universo te dira a ti como le dijo el genio de la lampara dijo a Aldino:

"Tus deseos son mis ordenes".

Y ése universo te entregara a ti todo lo que tu desees.

Tu Podras crear tu propio universo de salud, prosperidad, abundanncia, más aún opulencia, felicidad y armonia.

Por lo tanto tienes que tener un cuidado especial en hacer que tus pensamientos sean siempre acerca de las cosas que te convienen a ti, a esas cosas que tu quieres y te convienen a ti le llamaremos pensamientos positivos y son los que te traeran cosas agradables a tu vida, cosas que tu deseas. Ideas, pensamientos y sentimientos como:

"Esa persona que amo, tambien me amara a mi y seremos una pareja formidable".

"Voy a tener siempre una salud exelente".

"Saldre adelante con todos mis proyectos siempre de acuerdo a mis deseos". "Voy a escalar las posiciones que deseo dentro de mi empleo o donde desee y triunfare haciendo que mi triunfo sea tambien de beneficio de los que me rodean".

Y el universo te correspondera enviandote rápidamente lo que tu deseas. Lo que en un inicio fueron tus ideas, tus pensamientos, tus sentimientos. Esas ideas a las cuales te has aferrado firmemente todos y cada momento de tus dias hasta conseguirlo.

Pero si tu piensas en cosas que no te convienen a ti, cosas que tu no deseas, llamemosle pensamientos negativos, entonces esa fuente de energía central esa energia del universo, tambien te va complacer y si piensas que te duele la cabeza, pues te enviara un dolor más fuerte, y si piensas que esa persona que te gusta o amas, no esta enamorada de ti o esta enamorada de otro pues, efectivamente nunca lo va a estar, si piensas que vas a tener problemas con tu jefe, pues dalo por descontado porque cuando llegues a tu lugar de empleo el jefe y el problema te van a estar esperando juntos y se cumplira tambien lo que has estado pensando. Nunca debes pensar negativamente. Nunca debes pensar en lo que no quieres, tienes que pensar en lo que quieres. Trata de transformer todas esas ideas a su forma positiva.

No pienses en lo que no quieres, piensa en lo que quieres.

Los pensamientos son la forma más efectiva de creación, es más es la única forma de creación. Todo lo que existe alguien pensó que se podia hacer antes; tu creas con tus pensamientos todo lo que ocurrio, ocurre y ocurrirá en tu vida. Las cosas y las situaciones son el producto de tus pensamientos.

Tu creas, atraes y produces con tus imagines mentales todo lo que acontece en tu vida.

Tus ideas, pensamientos y sentimientos son un imán que atraerán a tu existencia todo lo que pase por tu mente.

Tanto lo bueno como lo malo.

Básicamente, tu conviertes tus pensamientos en realidades. Tu elemento fundamentel para triunfar en lo que tu deseas es:

Tener en tus pensamientos lo que quieres, tenemos que poner muy claro en nuestras mentes lo que pensamos y así hacer que una de las más grandes principios en el universo, trabaje siempre a favor nuestro y no en contra nuestra.

Tu te convertiras en aquello que más piensas y también atraes aquello que más piensas, creando tu destino, tu presente y tu futuro.

Fijate en las personas que te rodean:

El que más habla de enfermedades, es el que más se enferma!

El que más habla de prosperidad, de hacer, de estudiar, de invertir, de créar, de avanzar, es el que prospera!

La ley de atracción está evidente siempre alrededor tuyo, siempre esta funcionando, 24 horas al dia y 12 meses al año, no tiene tiempo libre, esta en todas partes, atrayendo situaciones, atrayendo gente, atrayendo sucesos, atrayendo estilo de vida.

En verdad todo lo que traes a tu experiencia lo traes por esta poderosa ley, porque de alguna forma pensastes en eso y lo atraistes a tu vida. Los pensamientos se convierten en el destino, los pensamientos se convienten en cosas materiales, en mejores relaciones y en el desarrollo de nuestras capacidades de triunfar y ser exitosos. Hasta las ciencias más eclépticas han incorporado el factor mental a sus modernas teorias. Los físicos apoyandose en La Teoria Quántica afirman:

No puedes tener un universo sin que la mente entre en él!

La mente está realmente dando forma a lo que está siendo percibido! No te preocupes si no lo entiendes, o te parece algo muy complicado, porque eso no significa que debas rechazarlo. Puede ser que tu no comprendas como funciona la electricidad. Muy pocas personas saben lo que la electricidad es, aunque disfrutamos de sus beneficios.

¿Tú sabes cómo funciona la electricidad? No!

Te imaginas que un fIsico te diga que: En los metales los átomos del último nivel de energía se encuentra muy poco atraido al núcleo debido a su lejania y por lo tanto estos electrones forman alrrededor de esos núcleos como una "nube electronica" no definida, la cual fluye por el metal en barras o alambres, en una dirección determinada por la polaridad, cuando se le aplica una diferencia de potencial en susextremos…

Pues no te hace falta saber cómo funciona, no te hace falta saber nada de eso. Porque, lo que te hace falta saber es que la puedes usar, que puedes cocinar la comida en un fogon eléctrico, que puedes encender un bombillo y alumbrarte, que puedes usar un televisor o una computadora con la electricidad. Y eso tambien es lo que tienes que saber sobre la Ley de Atracción, que la puedes usar aunque no sepas como funciona.

Cada pensamiento tuyo, cada idea, cada sentimiento que se emite, produce una cierta frecuencia de emision de energia que se puede inclusive medir. Emites energía desde tu cerebro cuando piensas, cuando sientes, Cuando estas Feliz y Cuando estas triste. Energia que tu emites y viaja desde tu cerebro hasta el mismo centro del universo. Y el universo la está reciviendo y preparandote una respuuesta semejante a tu pensamiento. Por lo tanto si tienes esa idea de lo que deseas, ese pensamiento ese anhelo, constantemente en tu cerebro, si cada vez que tienes una oportunidad piensas en eso, hasta lo escribes y lo lees cada vez que puedes, estás emitiendo esa energía constantemente una y otra vez reforzandola constantemente cada vez que piesas en eso. Si te puedes imaginas que tienes ese auto nuevo, teniendo todo el dinero que necesitas y más aún, construyendo esa compañía, ese negocio que siempre has deseado tener, encontrando tu alma gemela esa persona especial con la que deseas compartir tus exitos. Si te estás imaginando en detalle cómo es eso, estás emitiendo esa frecuencia de energía constantemente, en una base sólida continuada dirigida hacia lo que quieres. Estos pensamientos mandan esa señal de energía al universo y trae la respuesta de igual intensidad y propositode vuelta a ti, pero convertida en realidad material, en un hecho. El universo responde de igual forma a tus pensamientos concediendote lo que has pensado y más aún.

Mírate a ti mismo viviendo en abundancia y eso atraerás. Siempre da resultado, funciona siempre, con cada persona, es una ley universal que funciona para todos. Nadie esta excluido. Todos tenemos la posibilidad de crear nuestro propio universo a medida que avanzamos a nuestro gusto. Somos dioses con la capacidad de hacer nuestra propia creación.

Muchas personas piensan y piensan en lo que no quieren en lo que les molesta y no piensan en las cosas que desearian y se preguntan por qué se mantiene esa situación que rechazan, porque no salen del estancamiento.

Entiende esto la ley de atracción no entiende, no esta diseñada para entender, esta diseñada para complacer. Que eso es lo que tu no quieres, tu estas pensando en lo que no quieres y la ley de atracción te va a dar eso en lo que tu has estado pensando, si piensas en algo que sea bueno o qu sea malo, si no lo quieres, o si lo quieres. Simplemente la ley de atraccion responde a tus pensamientos. Así que si estás sentado mirando un monton de problemas, rechasos, fustraciones, deudas, sintiéndote fatal por eso, esta es la señal que estás enviando al universo: Caramba, me siento muy mal por todas estas deudas que tengo. No solo lo estás afirmando para ti mismo sino que lo sientes en cada nivel de tu ser. Pues no lo dudes, de eso vas a tener mucho más.

El universo solo esta esperando que expreses tus deseos y para el tus deseos son sus ordenes y el te va a complacer. El no va a disernir en si es bueno o es malo lo que tienens en tu mente. El te va a enviar de regreso lo que pensastes y sentistes pero aumentado. Por lo tanto "Cuidado con lo que piensas". Es muy importante que sepas que cuando piensas las cosas que quieres y le estás diciendo **si**, a eso, activas una energia y la ley de atracción responde a éste trayéndote las cosas que encajan con eso. Por el contrario, cuando miras algo que no quieres y gritas **no** a eso, cuidado, en verdad no lo alejas. En lugar de eso, activas el pensamiento de lo que no quieres y la ley de atracción alinea esas cosas para ti también.

Este es un universo que está basado fundamentalmente en la Ley de atracción, todo es acerca de la atracción. La ley de atracción está siempre en funcionamiento. Lo creas, lo entiendas, o no, está siempre funcionando.

Puede que pienses acerca del pasado, el presente o el futuro, y todo lo que recuerdes, observes o imagines, estás activando ese pensamiento y la ley de atracción, respondera a tu pensamiento. La creación está ocurriendo siempre.
Cada vez que un individuo tiene un pensamiento, un deseo, y lo convierte en un prolongado estado de pensamiento, está en proceso de creación. Recuerda somos creadores de nuestro propio universo con nuestros pensamientos.
Algo siempre va a manifestarse como respuesta del universo a esos pensamientos.

La ley de atracción dice que se te dará lo que sea que desees, o pienses, si en eso es en lo que pones tu atención, o en los sentimientos que desarrollas y si te estás quejando de cuan malo es lo que estás creando no dudes de que las cosas serán aún peores.

El poder del pensamiento positivo es enorme. Los pensamientos y los sentimientos positivos son mucho más poderosos que los pensamientos y los sentimientos negativos.

Cuando se empieza a comprender o aún sin comprender pero a poner en ejercicio, el gran secreto, a menudo, puedes sentirte atemorizado, comienzas a tener miedo de todos tus pensamientos negativos que tienes. Pero se ha comprobado que un pensamiento afirmativo es cientos de veces más poderoso que uno negativo, así que eso elimina un poco el grado de preocupación sobre eso. Además, vivimos en una realidad donde hay un amortiguador de tiempo que funciona muy bien ya que evita que la manifestación de los pensamientos negativos no sea inmediata, la materialización tiene un tiempo de realización y tarda en llegar y eso es realmente algo conveniente.

De todas formas escoge muy bien tus pensamientos entrenate tu mismo a pensar cuidadosamente y diviértete con esto porque tú eres el escultor de esa gran obra que es tu destino. 'Tu eres el Miguel Ángel de tu propia vida, el David que estás esculpiendo eres tú, lo haces con tus pensamientos.

Lo mejor que tiene esto es que puedes probar sin comprometer nada en tu vida, solo un poco de tiempo y uso de tu mente y de tu voluntad; tampoco tienes que comentarlo con persona alguna acerca de que es que es lo nuevo que estas tratando en tu vida, porque quizas te desalienten, recuerda que para algunas personas el más minimo esfuerzo es algo irrealizable y si ademas le dices que todo lo vas a cambiar con la energia de tus ideas, pesamientos y sentimientos pues no creo que lo entienda muy bien. Y en eso se baso principalmente el que algunas personas que que llegan a conocer El secreto no lo usan porque no creen en el, no pueden creer que sea tan facil producir cambios tan grandes, que se pueda producir una enorme cantidad de beneficios con solo el poder de la mente. Es que no saben que la mente es el instrumento con el cual Dios nuestro padre te doto en el momento de tu creación inicial para que fueras como EL para que fueras un creador de tu propio universo como lo fue el en este inmenso universo en el cual vivimos y verte EL triunfar en esta vida terrena Yo te garantizo que vale la pena probar, vale la pena poner en práctica esta forma de avanzar y trfiunfar en la vida. Si quieres para probar que si funciona, empieza con algo modesto, algo simple, algo que tu desees inmediatamente, que lo deseas desde hace mucho y que no lo haz podido conseguir y trabaja en eso, visualiza eso que deseas, sientelo, disfrutalo en tu mente, considera que ya lo tienes y da gracias por ello. Hazlo por un tiempo razonable, pero usa todo lo que haz aprendido aqui, si no tienes una respuesta positiva en ese tiempo, puedes hacer lo que desees. En fin haz estado dando golpes de ciego toda la vida; porque no intentar algo a tu favor, aunque sea por un pequeño espacio de tiempo. Esto te servira como un entrenamiento para la gran aventura de creación de tu propio universo que vendrá despues. Y que es la consecución de todas las cosas que ahora anhelas y que por su puesto luego serán más. No existe un limite para lo que puedes conseguir. El universo esta esperando por tus ordenes para complacerte.

Vivimos en un universo en el cual hay leyes y estas se cumplen siempre para todos si excepción. Como que la ley de atracción existen otras muchas leyes que se cumplen las entiendas o no, por ejemplo La ley de gravedad que casi todos conocemos a la que no le importa, si la conoces o no, ellas se van a cumplir de todas formas. Por ejemplo si te caes de lo alto de un edificio, no importa que que seas una buena persona o una mala persona, como tampoco importa que conozcas y entiendas que la ley de gravedad, que consiste en que los cuerpos caen en el vacio con una aceleración constante de 9.8 metros por segundo al cuadrado. Ufff! Que lata! Pero igual vas a estrellarte contra el suelo aunque no te sepas la formula o el valor de "g" (La gravedad)

El aire que respiras está constituido aproximadamente de un 21% de Oxigeno un 1% de Hidrogeno, 78% de Nitrogeno y tambien algunos otros gases raros, probablemente tu no sabias que esto es así, pero de todas formas tu respiras y usas el oxigeno en tus procesos vitales como en el ciclo de Krebs y otras cosas complicadisismas, que para la vida práctica no tiene importancia, lo que necesitamos es respirar, como ocurre el proceso, eso se lo dejamos a los cientificos. Igual pasa con la Ley de Atracción no te hace falta comprenderla, solo tienes usarla. Ella esta ahí para que la uses en tu beneficio. Hazlo!

Todo lo que te rodea ahora mismo en tu vida, incluidas las cosas de las que te quejas, tú las has atraído por la Ley de Atracción. Esto puede ser difícil y hasta odioso de oír y tu reacción inmediata puede ser decir:

"Yo no atraje el problema con el jefe."

"Yo no atraje esta situación económica tán dificil."

"Yo no atraje esta enfermedad."

"yo no atraje...", pero sí, tú la atrajistes y este es uno de los conceptos más duros de aceptar pero una vez lo hagas será una gran transformación en tu vida. Esto es parte del conjunto del secreto, muchos de nosotros atraemos cosas que no deseamos sin percatarnos de que lo hacemos.

Pensamos que no tenemos ningún control sobre ello. Quizas tu piensas que nuestros pensamientos son incontrolables, que nuestros pensamientos van y vienen a nuestra mente por su propia voluntad. Pero no es así nuestros pensamientos no tienen voluntad propia, nosotros creamos nuestros pensamientos con nuestra voluntad. Lo mismo puedes pensar que nuestros sentimientos se forma o cambian involuntariamente debido a las sircunstancias, que no tenemos control sobre ellos, por lo tanto, todo es atraído a nosotros inexorablemente. Todo eso es falso. Nosotros somos los creadores de nuestras ideas, nuestros pensamientos y nuestros sentimientos. Si tu aprendes a controlarlos tu seras un triunfador. Y si tu tienes control sobre ellos y tus ides son buenas, tus pensamientos son creativos y tus sentimientos son los adecuados, estas en el camino del exito.

Esto no es una sugerencia si quieres triunfar en eso que deseas tienes que aprender con disciplina constante a controlar tus pensamientos. Esto te puede parecer que va a ser un terrible de trabajo, con toda la cantidad de basura que aparentemente llega sola sin que nadie la llame a tu mente y otro monton que te traen las personas que frecuentas, el radio, el cine y la television. Así te lo parecerá al principio, pero ahí es donde tu voluntad comienza a trabajar. Al principio trata de controlar tus pensamientos hasta donde puedas; hay muchísimos pensamientos llegándote de tantas direcciones diferentes, acerca de tantos temas diferentes que es donde tu sistema de guia emocional comienza a trabajar. Deja que los pensamientos lleguen a tu mente no los rechaces solo que dale importancia solo a los que te convienen, dale importancia y fija en tu mente, en tu subconciente aquellos que de verdad te van a ayudar a vivir mejor, a ser una mejor persona. Simplemente desecha los demas y no les des importancia, no pienses más en ellos.

Si crees que te puede ayudar de alguna forma escribe lo que quieres, pero hazlo en detalle, aclara bien que es lo que deseas y leelo a cada rato. Leeela, recitala de memoria, ponla en tu cartera, debajo de tu almohada. Donde tu quieras y ya te acordaras de ella cuando los resultados que deseas empiecen a llegar a ese nuevo universo que estas empezando a crear. Despues tu mente ya entrenada sera tán ponderosa que esto no te hara falta.

Mira te voy a hacer una anecdota de lo que me paso a mi por no ser especifico en lo que pedia. A mi tambien me costaba trabajo concentrarme en lo que queria y tenía constantemente muchas basuras llegando a mi mente y decidí hacer algo que llame "Mi hoja de deseos" y en ese papel escribí todo lo que yo deseaba tener en ese momento. Esa hoja me la guarde en un bolsillo y siempre que estaba solo, la sacaba y la leia con pasión, la leia con regocijo, como si lo que estaba escrito ahí ya estaba llegando a mi vida y daba gracias por tenerlo.

Todo lo que escribí en esa "misteriosa" hoja de deseos que nadie la vio nunca, el universo me lo entrego todo; pero una de las cosas no fue exactamente lo que yo deseaba… En que consistió la desviación.

Yo estaba enamorado de una mansión en la calle Granada Boulevard en la ciudad de Coral Gables y esa fue una de las cosas que escribí en mi hoja de deseos, así: "Yo quiero vivir en la casa de Granada."

Pues bien el universo me lo concedio yo vivo en la casa de Granada pero no en la que yo pensaba de Granada Boulevard sino que vivo en la casa de Granada Groves Court a pocas cuadras de la que yo queria en aquel momento.

La culpa fue de universo que no me la dio? No!

La culpa fue mia que no especifique lo suficiente. El universo me dió la casa de Granada y cumplio mi deseo; yo fuí el que no le puse el número y el nombre complete de la calle. No le di la suficiente y clara explicación y el universo me dio la primera que encontro en "Granada" realmente parece que estaba apurado por complacerme. Pero yo soy muy feliz en esta casa que vivo, quizas más feliz que lo hubiera sido en la otra. Quién sabe si el universo realmente sabía que la que yo necesitaba era esta y no la otra. Así que todos los dias digo: "Gracias Padre!!!

Por lo tanto tienen que ser muy especificos en lo que piden. Escribanlo, chequeenlo y rectifiquenlo si lo consideran necesario.

Hagan "My hoja de deseos" que sera la de ustedes; escribanla detalladamante y leanla todas las veces al dia que puedan, leanla con fe, con la convicción de que lo van a tener, disfrutenla en su mente como si ya la tubieran y agradezcan al EL que se las halla entregado.

Las emociones tienen el más poderoso e increíble poder energético que existe, son las energías más poderosas que podemos desplegar con nuestra mente y tenemos que usarlas sabiamente y tratar de controlarlas en nuestro beneficio para atraer solamente lo beneficioso que deseamos.

Hay solo dos tipos de emociones básicas, una te hace sentir bien y la otra te hace sentir mal; las puedes llamar de muchas maneras pero, esencialmente seran:

<u>Emociones negativas</u>: Estas son de culpabilidad, envidia, enfado, frustración, maldad, miedo, resentimiento, egoismo, negación, odio, desconfianza, venganza, ansiedad, criticismo, culpabilidad, rencor, inseguridad, incredulidad, depresión, traición, desamor, adicción, confusión y preocupación.

Estas emociones no te hacen sentir bien y te servirán como la guía emocional que te dice que lo que estás haciendo ahora mismo no está en consonancia con lo que realmente quieres.

Emociones positivas: Estas son de alegria, realización, bondad, confianza, esperanza, entusiasmo, altruismo, serenidad, participación, empatia, amistad, seguridad, felicidad, amor, credulidad, aceptación, satizfacción, compartir, exitación, expectación, esperanza, gratitud, perdón y bendición.

Eso buenos sentimientos, esas emociones positivas, son las que debes sentir, incrementar y mantener constantemente en tu mente en tu vida, ya que son tu principal motor impulsor que generarán la energía que necesitas para llegar a donde deseas, para tener lo que quieres.

Que lo que estás sintiendo ahora mismo. Está en consonancia con lo que quieres? O no? Por lo tanto, esa respuesta te dice cual es tu estado real.

Esa es la pregunta clave: Cómo te sientes? Si quieres saber lo que estás atrayendo ahora mismo, la pregunta que debes hacerte es:

¿Cómo me siento? Si te sientes completamente bien, pues estas en el camino correcto, mantente así.

Te sientemal, con algunas emociones negativas, pues a cambiar. Analiza que es lo que no va como tu deseas y empieza a modificar tu manera de pensar para positivo. Y tienes que hacerlo ya! Ahora mismo.si quieres triunfar. Nuestros sentimientos son nuestro mecanismo de retroalimentación para saber si estamos en la senda correcta o en la erronea, si estamos en trayectoria adecuada o en la equivocada. Si lo que estamos alcanzado no es lo que realmente nos conviene, o si nuestra percepción de lo que pensabamos era lo que queriamos, o si en realidad no era eso. Cuanto mejor te sientas, más en consonancia estás con lo que quieres y te conviene, con lo que vas a alcanzar.

Cuanto peor te sientas, menos estás en consonancia con tus deseos. Cambia!

Lo que haces mientras te mueves en la variedad y experiencia de tu día a día, es ofrecer pensamientos que están, literalmente, formulando tu experiencia futura; así, por la forma en que sientes, podrás saber si las cosas hacia las que te mueves te favorecerán cuando las consigas. Lo que sea que sientas es un reflejo perfecto de lo que está en proceso por venir y obtienes exactamente lo sientes.

Si al levantarse por la mañana te golpeas en un pie en el pie contra la cama y te sientes muy enojado, eso tiende a bloquear al menos momentaneamente tus pensamientos y sentimientos positivos en ese momento y si no pones de tu parte y rebazas este estado de animo transformandolo en alegria constante, quizas por el día entero va a ser así, todo irá mal y cada momento será peor que el anterior. No tienes ni idea que una simple transformación de sus emociones puede cambiar el día entero y… cuidado hasta tu vida. Así que mucho ojo los contratiempos pasajeros, son eso. Contratiempos pasajeros y los debes tomar como tal, y los debes eliminar de tu mente lo más rápido posible y transformarlos en sentimientos positivos.

Por el contrario, si empiezas el día feliz, tienes iluciones, deseos, esperanzas y oyes a los pajaros cantar, al sol brillar, aunque este lloviendo, le sonries a todo el mundo, sientes que todo va a salir bien ese dia, si das ese impulso inicial, vas a atraer, según la ley, más situaciones y personas que te sostengan en ese feliz sentimiento.

Es muy importante estar siempre feliz, pase lo que pase, porque al recibir el universo esta energia de ti pues te regresara más de lo mismo y estaras aún más alegre y feliz.

Si al comenzar tu dia algo malo te ocurre, détente unos minutos piensa en eso y comprende que ya no se puede hacer nada por resolverlo, trata, pero trata fuertemente que esa emoción negativa no continue, cambiala por una nueva idea de felicidad, eso es lo que tu necesitas atraer. Sintiendote mal lo único que conseguiras es aumentar el dolor, y atraer más dolor, así que siendo inteligente seras feliz, sonreiras hacia afuera y hacia adentro y eso es lo que atraeras a ti.

Empieza ahora mismo. Buenos días o malos días, no importa. Para cambiar las condiciones hay que cambiar los pensamientos.

Todo es acerca de lo que predomina en la mente de las personas y lo que continuamente sienten. Puedes empezar ahora mismo a **sentir salud**, puedes empezar a **sentir prosperidad**, puedes empezar a **sentir el amor** que te rodea, incluso si no está ahí contigo y lo que ocurrirá es que el Universo corresponderá a la naturaleza de tus pensamientos.

Tus deseos son las ordenes que el universo obedecera.

El universo corresponderá a la naturaleza de ese sentimiento interno, y se manifestará porque esa es la manera en que te sientes. Así que, básicamente, en lo que pones tu atención con pensamiento y sentimiento, es lo que atraes dentro de tu experiencia, sea o no sea lo que quieres.

Lo que piensas, lo que sientes es lo que se manifiesta, es siempre un igual, siempre, sin excepción. Piénsalo, recuerda tus experiencias que te servirán para confirmar esta realidad y ábrete a esto porque el alcance de esa energia, de esa Ley de Atracción es asombroso.

En el campo de música hay un fenomeno llamado el principio de resonancia simpática. Por ejemplo si se colocan dos pianos separados en una habitación grande y se golpea en uno de ellos por ejemplo, la nota «do», se puede ir seguidamente hacia el otro piano para observar que en él la cuerda correspondiente a la nota «do» en el Segundo piano está vibrando con idéntica intensidad que la cuerda de la misma nota musical del primer piano. Pues bien, según este mismo principio, tú tiendes a conocer y relacionarte con gente y situaciones que vibran en armonía con los pensamientos y sentimientos que te dominan.

Si tus ideas, pensamientos y sentimientos son positivos eso es lo que atraeras.

Pero no solo eso ocurre en el campo de la música, tambien en física existen los "Modos normales de vibracion" que estudiamos en acustica en la Universidad, este fenomeno consiste que cuando tu emites dos ondas electromagneticas de igual intensidad en la misma dirección, digamos uno 1.5 Joules al medirlas debiamos tener el doble o sea 3.0

Joules pero no es asi cuando se miden alcanzan un valor de hasta 4.5 J Es como si al vibrar en el mismo "Modo normal de vibracion", esta se amplifica.

Y esto es presisamente lo que ocurre cuando tu deseas algo fuertemente y piensas constantemente en eso. El Universo te envia una respuesta a tus deseos igualmente positiva o negativa pero esta se amplifica esto se llama "sinergía" y todo ocurre mas favorablemente y más rápido.

> ***CUIDADO PORQUE LOS PENSAMIENTOS NEGATIVOS FUNCTIONAN DE IGUAL FORMA. SI ENVIAS UNA SEÑAL NEGATIVA ESTA TAMBIEN SE AMPLIFICARA NEGATIVAMENTE.***

Si miras cada uno de los aspectos de tu vida, tanto positivos como negativos, te darás cuenta de que todo tu mundo circundante está influenciado por tus pensamientos y tu tambien recibes sus influencias de los demas así que, cuanta más carga emocional pongas en un pensamiento, más grande será la intensidad de la vibración y más rápidamente atraerás hacia tu vida a gente y situaciones que sean afines a dicho pensamiento.

Cuidado con tus pensamientos. Centrate siempre en lo positivo. Por ejemplo: site duele algo , no pienses en el dolor piensa en lo bien que te sentiras, major, en lo bien que te sientes y da gracias por eso, inclusive bendice esa parte con amor.

Esta ley siempre está actuando a tu alrededor. No tienes nada más que pensar en un amigo o en una amiga y lo más probable es que el teléfono esté sonando con él o ella al otro lado de la línea, o más tarde te los encontraras de "casualidad". Decides hacer algo e inmediatamente después comienzan a llegarte ideas nuevas y ayudas. Eres como un imán atrayendo limaduras de hierro.

Mucha gente se retrae porque no sabe cómo trasladarse desde donde se encuentra hasta donde quiere ir. Con la ley de atracción, sin embargo, no es necesario tener todas las respuestas antes de comenzar. Siempre que tengas claro lo que quieres y con la clase de gente que te conviene asociarte, terminarás arrastrándolas dentro de tu vida.

Tus pensamientos constituyen una forma de energía que vibra a una frecuencia determinada en función del nivel de intensidad emocional que acompañe al pensamiento. Cuanto más excitado o temeroso estés, más rápidamente tus pensamientos irradiarán de ti y atraerán hacia tu vida personas y situaciones afines.

 La gente feliz y alegre atrae a gente alegre y feliz. La persona que posea conciencia de prosperidad parece que encuentra ideas y oportunidades para hacer dinero. La ley de atracción actúa en todas partes y en todo momento.

Puedes tener más, ser más y hacer más porque puedes cambiar como persona. Puedes cambiar tus pensamientos dominantes por medio de un riguroso ejercicio mental. Puedes auto disciplinarte enfocando tus pensamientos hacia lo que te interese y rehusando pensar sobre lo que no te convenga.

Ésta es sin duda otra forma de tratar de explicar por qué tantas buenas cosas y tantas gentes exitosas se ven acogidas en el entorno de aquellos que tienen muy claras sus metas y son persistentemente optimistas sobre su ejecución y consecución.

Cualquier cosa que tu pienses y sientas estará creando tu futuro. Tu puedes comenzar ahora mismo un destino prospero y feliz. Y ese futuro empieza cambiando tu presente para mejor. Crearas tu propio universo a medida que avances. Y es universo sera una creación perfecta para tus sueños. Tus deseos son las ordenes a las fuerzas del universo. El universo esta siempre esperando para complacerte. Existe un proceso creativo que puedes usar, un sistema simple de hacer las cosas de una manera secuente.

Es el proceso creativo de la Ley de Atracción.

Las estaciones de Radio y Television transmiten sus programas en ciertas frecuencias electromagneticas que al llegar a tu radio receptor o televisor son convertidas en imagines y palabras. Y entonces tu eres capaz de ver esas imagines y palabras en la pantalla de tu televisor y sus bocinas de audio. Pues bien Cuando tu piensas tu emites tambien frecuencias electromagneticas desde tu cerebro estas pueden ser medidas por aparatos que son capaces de detectarlas.

Tu eres la más eficiente torre de emision de frecuencias que existe, porque tu trasciendes las fronteras de una ciudad, pais o continente, porque tus emisiones de frecuencia (Pensamientos e ideas) pueden llegar hasta el centro del universo y son capaces de cambiar la vida y cuando el universo te devuelve su señal lo que llega a ti es un cambio en tu vida, el cambio que has estado deseando. El cambio al cual le has dedicado tus pensamientos.

Recuerda si tu deseas cambiar algo en tu vida lo único que tienes que hacer es cambiar tus pensamientos.

LOS TRES PASOS EN EL PROCESO CREATIVO DE LA LEY DE ATRACCIÓN CONSISTE EN:

1   Pide. "Pedid y se os dara", "Llamad y se os abrira".El universo respondera tu petición, rápidamente y en una medida superior a lo que pedistes. Recuerda que tu no tienes que saber como funciona todo esto; solo tienes que usarlo.

2   Creer. Tienes que creer firmemente que "si" lo vas a tener, mejor tienes que estar seguro que lo vas a tener; tienes que sentir que ya lo tienes, tienes que disfrutarlo como si ya fuera tuyo. Como te sentirias cuando ya lo tengas, tienes que sentirte así. Feliz de haberlo conseguido. Tienes que generar las sensaciones que tendras en el momento real de tener lo que pedistes.

3   Recibirlo. Setirte feliz de tenerlo. Ser agradecido de tenerlo. Estar feliz.

Inmediatamente iniciar el nuevo pedido. Las fuerzas del universo no se cansan de trabajar en complacerte.

Cuando quieras cambiar tus circunstancias, tienes que cambiar tus pensamientos.

Toda persona tiene el poder y la capacidad de cambiar a una via positiva de desarrollo, una via positiva de prosperidad, una via positiva que te lleve a la felicidad y a las cosas que deseas. Nosotros somos los creadores de nuestro propio universo.

Tienes que ser feliz. Tu tienes que amarte a ti mismo, tu tienes que estar muy agradecido, dar muchas gracias por la extraordinaria persona que tu eres.

Tu puedese ser, hacer o tener cualquier cosa que desees. No importa cuán grande, importante, costosa, complicada o dificil sea. Tu tienes el poder de tu poderosa mente trabajando para ti.

Todos trabajamos con ese infinito poder de la mente, todos estamos regidos por las leyes naturales (no escritas) del universo pero al mismo tiempo si las conocemos las podemos usar en nuestro beneficio. Es hora ya de que usemos ese beneficio de poder atraer a nuestras vidas todas esas cosa que deseamos con solamente tenerlas fijas y definidas en nuestras mentes. Esos pensamientos tuyos son la fuerza real de atracción conn que funciona el universo.

Aún las personas que han atraido bienestar a sus vidas sin conocer la existencia de la Ley de Atracción, inconcientemente han usado este secreto del poder de sus mentes. Ellos pensaron en la abundancia y de ninguna manera permitieron que otra idea contradictoria apareciera en su mente. Solamente pensaron que tenian que traer abundancia, bien estar y felicidad esta siempre fue su idea optimista, predominante y constante. Esa fue la respuesta que el universo les envio.

No importa que ellos no conocieran la Ley de Atracción, pero la Ley estaba ahí, ellos sin saberlo la usaron y funcionó.

La Ley de atracción siempre responde a tus pensamientos, no importa si son positivos o negativos. La Ley de atracción va siempre a complacerte y la respuesta siempre sera del mismo sentido que tus pensamientos. Si pensas en bienestar tendras bienestar, si temes al fracaso, fracasaras.

Si tu eres capaz de imaginar eso que deseas, fijalo en tu mente, dibujalo claramente en tu mente, tu finalmente lo tendras en tus manos.

Es magia: <u>Los pensamientos se convierten en cosas.</u>

"El cielo es el limite" decia el Dr. Brian Weist. Pues es cierto, no existen limitaciones a lo que tu puedes hacer, a lo que puedes aprender a lo que puedes tener. Puedes tenerlo todo, puedes llegar a donde quieras, puedes aprenderlo todo, el secreto esta en que todo debe ser no solo para tu propio beneficio, sino para el beneficio de todos, aunque sea indirectamente, por su puesto el primer beneficiado seras tu. Debe mantenerse la armonia del universo de manera perfecta y nadie debe ser despojado o dejado atras, eso no es necesario <u>hay suficiente para todos</u>. Solo se quedarán rezagados los que no sean capaces de aferrarse a esta verdad pero aún así tambien serán beneficiados por la generocidad de los que más rápido avancen. El universo tiene fantasticos mecanismos de estabilización pero debe primar la buena intención. Recuerda que eres un pequeño dios en plena actividad de creación por lo que tu creación tiene que ser perfecta en plena armonia con la creación de TU PADRE creador de ti y de todo. Tus energías creativas influenciaran sobre otros universos paralelos al tuyo de una forma generosa haciendo que esta corriente de energía vibrante haga avanzar a todos hacia un mundo mejor.

2ND.- PRINCIPIO DE CORRESPONDENCIA

(COMO ARRIBA ES ABAJO, COMO ABAJO ES ARRIBA, COMO ES ADENTRO ES AFUERA)

- Conociendo la estructura de los átomos, como están distrubuidos y que función tienen los protones, neutrones y electrones podemos saber como funciona nuestro sistema solar, conociendo el sistema de gobierno de una nación presidente, ministros... podemos conocer como funcionan las Jerarquias Espirituales.

- Los fenómenos o situaciones en un plano pueden servirnos para resolver los enigmas de los planos superiores e inferiores. Tambien nos podemos elevar a un plano superior y evitar consecuencias adversas en el plano inferior.

- El estado de tu economia, tu salud, armonía familiar, son la expression más directa de cómo estás tu por dentro. Así que no hace falta que digas quien eres pues todo a tu alrededor lo expresa. Todo lo que los demás te hacen es por principio de correspondencia, así puedes detectar en lo que tienes que trabajar. Cuales son las areas a las que le tienes que dedicar más energía creadora y positiva para lograr mejorar salud, properidad, felicidad, tranquilidad...

- Los eventos que te suceden son solo episodios en los que te pones a prueba para ver cual es tu reacción a esos hechos, cual es la actitud que asumes y como resolver las situaciones. Lo importante es como tomas los eventos. No son los eventos en si los que hacen la diferencia pero si como reaccionas tu a esos inesperados eventos. Si te dejas arrastrar por la ira, por el placer facil, por la falta de escrupulos, las cosas no iran bien de ninguna manera. Porque como tu te proyectes, como tu respondas, de acuerdo a la actitud que asumas así será la respuesta que recibiras de los otros y del universo. Todo tiene una respuesta semejante a tu actitud. Como tu eres así seran contigo. Como tu actues así sera la respuesta definitiva que recibiras.

- "Juntate con buenos y seras uno de ellos". Dijo José Martí Apostol de la independencia de Cuba.

- Ser organizado en todo, tener un orden externo impecable. Saber donde tienes todas las cosas, tener la casa limpia, arreglada, el auto con el mantenimiento al dia, ser pulcro, elegante en el vestir, perfumado, pelado y afeitado, en los modales, pagar tus cuentas en el tiempo requerido. Ese es el orden externo y ese orden externo esta intimamente relacionado con el orden interno de tu mente y tus pensamientos. Como es afuera es adentro.

- Como es contigo es con los demas. La realidad es un reflejo de tu actitud. Los eventos no son importantes, lo que es importante es como tu reaccionas ante los eventos.

- Nunca critiques, tu no estas aqui para juzgar a nadie, tu no estas aqui para castigar a nadie, ese no es tu papel. Existe un espiritu superior que esta al tanto de eso. Nada mal hecho se quedara sin la respuesta correspondiente. Tal vez tu no entiendas porque se demora esa respuesta, pero existe una razón para eso, con el tiempo lo veraz. En ultima instancia lo unico que puedes hacer es prepararte para evitar que una persona no te haga daño.

- No des opinion aunque te la pidan, con elegancia trata de saber como piensa la persona que te pide el consejo y simplemente le dices: Me parece muy interesante como tu piensas sobre eso. En definitivas el no quiere tu consejo. Las personas generalmente desean que tu los escuches; no que les des tu opinion, complacelo.

- Si llegas a un lugar en que se esta hablando mal de otra persona, discretamente te alejas, no participles de ninguna manera en chismes, no hables mal de nadie. Lo que hagas tu a los demas, ellos te lo haran a ti y peor.

- Como eres tu con los demas así serán los demas contigo. Las cosas buenas que hagas te regresaran multiplicadas por diez y con las cosas malas que hagas tambien te regresaran multiplicadas por diez. Así que es muy inteligente portarse muy bien, ser discreto y generoso.

- No envidies nada a nadie, alegrate de su suerte, bendicelo y desea tu tambien progresar y tener tambien eso que deseas, desealo con fuerza y agradecelo como si ya lo tuvieras. Cuando tu deseas algo y lo mantienes fijo en tu mente, atraes eso que deseas, cuando tu agracedes lo que tienes o lo que vas a tener, entonces tu multiplicas lo que agradeces. A veces el exito de otras personas es más aparente que real y puede que en un area especifica sea un triunfador pero: Como estan las demas areas? La felcidad no esta atada a la riqueza económica. Nadie puede decir que esto no sea muy importante, pero conozco muchos clientes mios muy ricos que no eran felices, porque fuera del area económica eran un desastre.

- El odio, el rencor, la envidia, los celos, tienen que ser eliminados de tu paradigma. Tienen que ser sustituidos por el perdón. El perdón sincero, profundo, sentido, demostrado y explicito. El perdón abrirá las puertas a tu propio perdón, mientras que no seas capaz de perdonar a los demas, no seras capaz de perdonarte tu mismo y si no te perdonas tu mismo nunca tendras paz. Porque como actues tu con los demas es como tu podras considerarte a ti mismo.   Isabelle Holland dijo: Mientras tu no perdones a esa persona, todo eso estara ardiendo dentro de ti, estara dentro de ti , dentro de tu mente, ocupando un precioso espacio para crear y pasar a otra etapa de tu vida mejor, liberado de todo ese lastre que arrastras, por no perdonar.

- Los planos: Físico, mental y espiritual. Es una división artificial ya que no son más que grados ascendentes en la gran escala de la vida.

- Los planos o grados se conforman según la intensidad vibratoria. Una 4ª dimensión es la denominación usada para determinar los grados o planos; el átomo en la materia, la mente del hombre en el universo, no son más que grados de una sola y misma escala, sólo con la diferente intensidad vibratoria.

PLANO FÍSICO:

- Incluye todas las formas de lo que llamamos materia y la energía o fuerza. La energía es una manifestacion de la materia y esta materia puede transformace en formas de energía, asi como en los diferentes tipos de fuerza, por lo tanto se transformaran una en la otra interconvirtiendose. Solo se diferencian en la calidad vibratoria.

- En este plano físico la materia la encontraremos en los estados: sólido, líquido y gaseoso con todas sus subdivisiones y clases coloides, plasma, complejos de cordinación, etc. Las manifestaciones de la energia serán más complejas tales como fenómenos de la energía irradiada por la material o la conversion de la material en energia o energia en materia, el supuesto vacio que llena todos los espacios considerados sin nada, pero que compenetra e intercomunica todo el espacio universal que obra como medio para la transmisión de ondas de energía como la luz, calor, electricidad, magnetismo, gravitacion, cohesion y otras. En este plano tambien encontraremos la energía de fuerzas aparentemente sutiles de la naturaleza: cuya manifestación se provoca mediante ciertos fenómenos mentales los cuales son de gran importancia si se logran controlar, perfeccionar y dirigir.

PLANO MENTAL:

- 1.- Plano Mente Elemental. En este plano tenemos las emanaciones que se registran de ciertas plantas y animals que se pueden considerar semejantes en algunos aspectos a las registradas en los seres humanos.

- 2- Plano de la Mente Humana Todos los seres humanos somos capaces de pensar y esas señales electromagneticas de la mente pueden ser registradas en un medidor de ondas. Estas ondas serán muy diferentes de acuerdo al estado de la persona a la que se le midan. Dependiendo si está dormido, despierto, si está relajado o irritado, si es un cientifico o si es un ser avanzado.

- 3- Plano de la Mente Humana superior. En este plano nos encontremos a los seres humanos que de una forma u otra han triunfado o desarrollado habilidades especiales, tanto cientificas, culturales o metafisicas.

Plano Espiritual:

- Son entes superiores al hombre de esta dimensión. Sus procesos mentales son tan elevados que nuestros procesos mentales les pueden parecer puros procesos materiales. Hablamos de entes que ya han terminado su peregrinar por esta transición que llamamos vida. Han recogido e internalizado el conocimiento y lo han incorporado como parte transcendental a su existecia. Ellos fueron Maestros o Adeptos. Son almas avanzadas pero aún pertenecen al universo, porque no han escalado al final de la etapa de fundirse con el "TODO" y están sujetos aún a las condiciones y leyes del universo. Se denominan espíritus, "principio animador" o "poder viviente". Los que han alcanzado grandes poderes espirituales y los emplearon mal -por la oscilación del pendulo en la ley del ritmo- los llevará al otro extremo de la existencia material, desde cuyo punto tendrán que recorrer otra vez todo el sendero de aprendizaje.

- Los 7 principios herméticos están en plena operación y funcionan en los tres diversos planos: físico, mental y espiritual.

- Todo lo que llega a tu vida bueno o malo tu lo atraes con tus pensamientos que ejercen un gran poder de atracción.

- Todo es atraido a ti por medio de las imagines que produces en tu mente. Lo que piensas, imaginas o sientes son fuerzas de atración que convertiran en realidad eso en que piensas.

- Atraes hacia ti todo lo que pienses. Multiplicas todo lo que agradeces. Reafirmas todo lo que bendices.El poder generador de cosas de tu mente es inmenso ponla a trabajar para ti.

- Hay siempre una correspondencia entre las leyes y los fenómenos de los varios estados del ser y de la vida, y el antiquísimo axioma hermético se refiere precisamente a esto: "Como es arriba, es abajo; como es abajo, es arriba; como es adentro es afuera; como soy yo con los demas así seran los demas conmigo" y la comprensión de este principio da una clave para resolver muchas de las situaciones y paradojas de los misterios y secretos de la existencia. Existen muchos planos que no conocemos, pero cuando aplicamos esa ley de correspondencia a ellos, mucho de lo que de otra manera nos sería incomprensible se hace claro a nuestra conciencia. Este principio es de aplicación simultanea en todos los planos, mental, material o espiritual de la existencia, es una ley universal. Los antiguos hermétistas consideraban este princípio como uno de los más importantes auxiliares de la mente, por cuyo intermedio se puede descorrer el misterio que oculta el que será de nuestra vida. Su aplicación puede desgarrar, como decian los antiguos maestros, el Velo de la diosa Isis, de tal manera que nos permita ver, aunque no sea más que algunos de los rasgos de la diosa. De igual manera que el comprender los principios de la geometría habilita al hombre para medir el diámetro, órbita y movimiento de las más lejanas estrellas, mientras permanece sentado en su observatorio, así también el conocimiento del principio de correspondencia habilita al hombre a razonar inteligentemente de lo conocido o lo desconocido; estudiando la mónada se llega a comprender al arcángel. Arriba y abajo, Abajo y arriba. La funcionalidad de este principio va aplicado en planos divinos, leyes energeticas y leyes físicas; el universo material se compone de microuniversos dentro de otros macrouniversos, lo que nos indica parte de este principio. Si un átomo contiene un núcleo en el cual giran los electrones observemos el cielo y veremos que la luna gira alrededor de la tierra y esta alrededor del sol y este alrededor de la galaxia, así como sucede en el macrouniverso sucede en cada universo contenido y sucede en el universo continente. Pero aún este principio va mucho más allá, habla de aquello que generes se verá reflejado, si "abajo" es decir dentro de ti, generas energías negativas "arriba" es decir fuera de ti, recibirás eso energías negativas, tú mandas y te responden. Si mandas negativo, negativo te responden; si mandas positivo, en positivo recibes. Si eres inteligente, ya sabes qué te conviene; piensa bien de todo el mundo, habla bien de todo el mundo, actúa bien con todos y recibirás lo mismo a cambio. Ni se nos da ni se nos quita sino nos corresponde poseerlo por derecho de correspondencia y ley de atracción.

- No permitas que la conducta de otras personas condicionen la tuya. Tu tienes la opción de responder o no responder a la ofensa. A veces no responder es la mejor respuesta, Tu tienes la opción de sentirte disgustado o simplemente olvidar el suceso y seguir adelante con cosas más importantes.

- Cuando tu no respondes a una agresión, el adversario se queda desconcertado y aprende que esta delante de un hombre grande. Recuerda Cuando Jesus puso su otra mejilla y el agressor quedo desconcertado. Tu siempre tienes la opción de responder o no. En el mayor numero de las situaciones "la mejor respuesta" a una agresión verbal o aún fisica, si tu vida no esta en peligro, es no responder. La no respuesta es casi siempre la mejor respuesta.

- Cuando alguien te haga daño. No cambies tu naturaleza alegre, gentil, bondadosa y generosa, escala a un nivel más alto en tu mente en tu ser físico y espiritual y perdona a esa persona, bendicela para que en su mente floresca el deseo de ser bueno y de unirse al grupo del crecimiento espiritual y material al grupo de los nuevos creadores. Al hacer esto haras que esta situación se disuelva por si misma y tu al subir a ese nivel superior y perdonar bloqueas el principio de correspondencia en un nivel más bajo de responder al mal con mal ya que en el nivel superior respondistes al mal con perdon; eso te hace crecer y te pone en el camino de la maestria.

- Tu puedes si quieres, ser un ser superior y tus respuestas a partir de ahora siempre serán respuestas de crecimiento espiritual; alcanzaras siempre niveles superiores y allí resolveras las situaciones en los niveles inferiores.

- Es absolutamnte inadmissible la burla o el desprecio hacia alguna persona que tenga un defecto, trastorno o impedimento físico. Debemos mostrar siempre un absoluto respeto y compasión por la dignidad humana. No hagas a los demas lo que no deseas te hagan a ti o a alguno de tus seres queridos. El universo te devolvera tus acciones, buenas o malas. Como eres tu con los demas así sera el universo contigo.

3RD.- PRINCIPIO DE VIBRACION

(NADA ESTA INMOVIL- *TODO SE MUEVE*- TODO VIBRA.)

- Todo está en vibración: desde el TODO que es el Alfa y Omega, el principio y el fin, hasta la más infinitamente pequeña particula material, como pueden ser los elementos que constituyen el átomo están en constante vibración. La vibracion determina la calidad y el desarrollo de las cosas. Cuanto de más alta frecuencia es la vibración, más alto se está en la escala del desarrollo. Una roca vibra, y está en movimiento; pero su vibración es muy baja, sin envargo los pensamientos humanos registran no solo mas alta vibracion sino tambien un variado rango de diferentes vibraciones.

- Cuanto más avancemos en la senda del desarrollo y más puros, ordenados, energicos, dirigidos y visualizados sean nuestros pensamientos más cerca estaremos de una calidad vibratoria espiritual. Y esta es nuestra meta real, ser cada dia seres más espirituales.

- La vibración del espíritu es de una vibración prácticamente infinita.

- Debemos alcanzar las más altas frecuencias de vibración. Esto se puede conseguir aprendiendo a meditar trascendentalmente (Recordemos que la meditacion transcendental el el medio camino entre la realidad física y nuestra condicion espiritual), tambien a visualizar detalladamente y como si ya las hubieramos conseguido, las metas o deseos que queremos alcanzar. Podemos propiciar un ambiente agradable, usar música armoniosa y de calidad, colores apropiados y que nos gusten, olores agradables, imágenes bellas, pensamientos agradables, todo esto hace que aumenten y se concentren las vibraciones de la visualizacion del objetivo -Existen lugares naturales de alta y dirigida vibración: los templos, las montanas, las playas y cualquier otro lugar en el que nos sentamos relajados y energizados.

- Cada ser de luz o espiritu emite una vibración única que al traducirse en sonido es lo que llamamos clave tonal; esto generara un color del espectro siendo uno de los 7 rayos el cual tiene la capacidad de reproducir una forma geométrica la cual es su patrón. Algunos patrones conocidos: S.G. Cruz de Malta// S.K. (Pentaculo) Estrella de 5 puntas// El sello de Salomon (Estrella de David)// La bara de Hermes, etc.

- Cada uno de nosotros vibramos a una frecuencia especifica y única pero variable para cada ser humano determinada por el grado de desarrollo intellectual y espiritual que posea ese individuo, esta vibracion tiene una frontera poco definida y hace que se acerquen seres de una vibración afin o cercana. Estos tendran una forma de pensar, actuar, clase social, profesión, actividad sexual y algunas caracteristicas parecidas. Esto lo conocemos por AFINIDAD GRUPAL VIBRACIONAL. Puede ocurrir que los seres que se te acercan no sean lo mejor. Esto puede ser un indice de que no estas vibrando en una frecuancia adecuada. Observa si tu grupo no es aceptado por el resto de los otros grupos sociales, economicos o culturales; a los que te interesa ingresar. En general quizas no es el mejor grupo ese al cual perteneces ahora y quizas sea tiempo de mejorarte y cambiar tu grupo. Las sociedades no han estado acertadas siempre en sus juicios pero es un indicador que no puedes de dejar de tener en cuenta.

- Cuando te quejas por no tener una buena pareja, dinero, un buen empleo, buenas amistades, o por no tener buena salud vibras a niveles muy bajos; por el principio de vibración al hacer esto te conectas con todas las miserias del mundo y te hundiras cada vez mas en esas miserias. Si por el contrario comienzas a vibrar en una frecuencia más alta y te decides a crecer y a buscar mejores horizontes y cambiarlo todo para mejor, pues entonces inteligentemente en lugar de quejarte y hasta culpar a otros por tus problemas; vas agradecer al PADRE por las muchas bendiciones que siempre ha traido a tu existencia. Cuenta tus bendiciones y te sorprenderas que tienes muchas, aunque pienses que estás en medio de lo que tu consideras es una situación desesperada y veráz que pudo ser mucho peor. Te repito cuenta esas bendiciones que indudablemente tienes y di:

- GRACIAS PADRE POR TODAS LAS BENDICIONES QUE HAZ TRAIDO A MI EXISTENCIA SIEMPRE, POR TODO LO BUENO, POR EL AMOR Y POR TODAS LAS LECCIONES APRENDIDAS. GRACIAS PADRE.

- Esto va a traer cada dia mas bendiciones a tu vida; entonces te conectaras a la opulencia, si a la opulencia no lo dudes, no solo a la prosperidad te conectaras con la opulencia, a la buena suerte, a las buenas relaciones personales, al amor, y a la buena salud. Tus vibraciones cambiaran a la frecuencia de la felicidad, la salud, la paz, la inteligencia y la abundancia. Recuerda cada instante dar GRACIAS PADRE, dar siempre las gracias por todo lo que tenemos o recibimos y por El Principio de Vibración atraeremos más bondades. El AGRADECIMIENTO ATRAE las mejores cosas, así como la BENDICION las multiplica. Debemos bendecirlo todo: los alimentos, el agua con la que nos lavamos, el auto, los estudios, el hogar, el empleo, los hijos, la esposa, los padres, los amigos, el gobierno, lo que tenemos y lo que no tenemos y lo que deseamos tener; bendecirlo como si ya fuera nuestro.

- Los pensamientos vibran. Los pensamientos proceden de la mente - Y el primer principio dice todo es mente, todo es idea, todo es producto del pensamiento dirigido. Los pensamientos son la más alta fuente de vibraciones organizadas y dirigidas que existen en este plano de la vida terrenal y el mentalismo- Los pensamientos positivos vibran en una frecuencia muy alta (Energias constructivas), los negativos en una frecuencia muy baja (Energias destructivas). Debemos tener mucho cuidado con lo que pensamos. Bueno o malo. Porque estas vibraciones saldran al medio que te rodean y viajaran hasta el mismo centro del universo y allí quedaran registradas para siempre. Esto establecera las energías que penetraran en tu medio. Si tus pensamientos son buenos, las energías que estrarán en tu entorno serán favorables al desarrollo de tus buenas metas y buenos deseos y por lo tando cada instante de tu vida progresaras y a su vez esa retroalimentación hará que tengas mejores pensamientos que traerán más prosperidad en todos los sentidos a tu vida. Desecha los malos pensamientos en el mismo momento que empiecen a producirce.

Nada de rencor, chismes o simplemente pensar o hablar mal de alguien. Nada de eso, nuestra function principal es perdonar y entregarle al TODO lo que no podamos resolver, sinceramente diremos: Padre "Yo lo perdono y le envio todo mi amor, hazle ver que no le guardo rancor y que le deseo lo mejor." (El TODO se ocupara de resolver la situacion muy satizfactoriamente.)

- Los sentimientos tambien vibran en forma de un paquete, porque son la consecuencia de un conjunto de pensamientos y como son un producto de estos, más compacto, pues tendran el mismo efecto pero incrementado. Con amor y buenas intenciones la obra, será perfecta y pura de beneficio no solo para el que la crea sino para todos. Estos sentimientos tendran una clave tonal y unos colores refulgentes como un arcoiris sideral que al ser lanzandos al espacio sera como la luz de un faro que atrae hacia ti toda la potenciación de estas poderosas energías del desarrollo y que traerán la consecución de las ansiadas metas. Pero se debe tener un inmenso cuidado con los pensamientos o sentimientos negativos de baja vibracion porque esto hara un efecto potenciador tambien pero con sentido fatidico y destructor.

- Tu eres el resultado de tus vibraciones mentales.

- Tu eres una creación a imagen y semejanza del TODO entonces tu eres una copia del TODO en miniatura. Usa esa parte de la creación divina a la que tienes acceso dentro de ti. Tu mente.

- Todo lo de afuera es creado y controlado desde dentro de nosotros mismos por nuestra mente, por lo tanto nosotro somos los que estamos en control. No permitas que tu mente trabaje en contra tuya.

- Recapitulando tanto los pensamientos y los sentimientos vibran y se lanzan al exterior del universo circundante y muchisimo más lejos del que los crea hasta el Centro del Universo, hasta los mismos Archivos Akhasicos, al Inconciente Colectivo, hasta EL TODO donde quedaran registrados y gravados para siempre y se unirán a otros de su igual calidad y actuando sinergisticamente aumentarán exponecialmente produciendo un efecto multiplicado del mismo signo (Positivo o Negativo) de los sentimientos y pensamientos que lo produjeron y por la misma Ley de Magnetismo regresando a quienes los emitieron muy aumentadas. Por lo tanto hay que tener un cuidado especial con la palabras, pensamientos y sentimientos que se emitan. Repito "Muy importante" Las palabras, pensamientos y sentimientos negativos no se les debe dar lugar ni siquiera un instante se tienen que desechar inmediatamente. Toda tu intensidad mental debes concentrarla en cosas positivas, naturalmente para usted pero tambien para toda la humanidad.

- Toda manifestación de pensamiento, emoción, razón voluntad, deseo o cualquier otro estado mental va acompañada por vibraciones, las cuales se proyectan al exterior y afectan a las mentes de los demás por "inducción". Conociendo el Principio de Vibración, aplicado a los fenómenos mentales, uno puede polarizar su mente en un grado tan alto como desee, obteniendo así un perfecto autodominio y control sobre sus estados mentales. De la misma manera, podrá dominar las mentes de los demás, modificando en ellos necesidades, expectativas y comportamiento. Podras producir en el Plano mental una TRASMUTACION MENTAL. Existen muchos ejemplos de como una polarizacion de las vibraciones por una mente entrenada produce poderosas emanaciones vibracionales que manejan la mente de muchas otras personas. Por ejemplo los discursos de muchos lideres mundiales o locales que producen un efecto de aleacion en las multitudes llevandolos a un nivel de "no tener un pensamiento propio" y seguir al lider ciegamente aún en contra de sus más propios intereses. Tambien en el caso de algunos Artistas, Modistos, Comentaristas de TV y radio, que se transforman en iconos mesmerizando a las multitudes, no por lo interesante o util de sus trabajos, sino por la potencia mental que desarrollan. Otro ejemplo es el de las campañas publicitarias, donde practicamente se le roba la voluntad al individuo y se le maneja casi como a un tonto, comprando un producto de menor calidad y a veces a un precio mas alto. Es toda una técnica de penetracion mental.

AQUEL QUE HA COMPRENDIDO EL PRINCIPIO DE VIBRACION, HA ALCANZADO EL CETRO DEL PODER.

Esto esta asi escrito textualmente en "El Kybalion" No es solamente una expresion verbal, es una verdad absoluta. Por lo que se debe tener un especial cuidado en como se manejan estas energías. Si se actua de buena fé. Usted y la humanidad entera se beneficiaran. Y si se actua de mala fé. Usted lo pagara donde más le dolera pero tambien la humanidad como un todo lo pagara junto a usted.

- Un ejercicio combinado de Meditacion transcendental. "LA MEDITACION DEL SILENCIO EN PRESENCIA DE LA LLAMA VIOLETA" que les puedo sugerir, estamos hablando al nivel básico. Primero escoger un lugar apropiado, donde se sienta comfortable y no será molestado o interrumpido, sentado como desee o caminando suavemente, respirando profundamente durante unos minutos dandole tiempo a los pensamientos que quieran venirle a su mente lleguen y se marchen no los espante, porque no se irán piense en ellos y si tiene que dar una solución hagalo. Cuando ya este listo tome algunas de los pensamientos o situaciones desagradables que halla tenido en el pasado o hoy y que le molesta pensar en ellos porque actuó mal esa vez e imagine un pilar con una "LLAMA VIOLETA" que sale de un brocal de bronce fundido en el suelo. La llama es poderosa, bella, pura, brillante, calida de color violeta. Tome esos malos pensamientos y pongalos en la llama violeta, vea como la llama los quema, los consume lentamente y los hace desaparecer para siempre. Tome sus enfermedades, todas las cosas que no le gustan a usted de su pasado y pongalas en la llama quemelas, eliminelas tambien. Afirmese a si mismo "Hoy renaceré como una nueva persona." A partir de este momento seré un triunfador, una persona muy buena y generosa, que triunfaré en mi vida en todo lo que me proponga por mi propio beneficio y el de toda la humanidad.

A la vez nos estamos limpiando-purificando de las vibraciones negativas con el pilar de LLAMA VIOLETA y ahora dejando espacio para que entre más energía divina -ya que entramos en el silencio y nos conectamos con el retiro del Altísimo y activando nuestros chacras, dejando entrar más energía divina de sanacion para nuestra vida y nuestro cuerpo fisico. Esto cambirá nuestra vida, tendremos voluntad para no caer de nuevo, fe en nosotros mismos, más fuerza, sabiduría y con ella nos iluminaremos, habrá amor a nuestro alrededor y seremos más generosos, nos rodearemos de belleza, y así consagraremos nuestra vida en este camino, y seremos más saludables, veremos como enfocando nuestra mente y hasta llegaremos a curar, tendremos todo el dinero que nos haga falta y más para llevar armoniosamente nuestra vida y ello con arreglo a lo que nuestro estado de conciencia y además llegaremos a ser seres de amor compasivo.

- Para cada momento que deseemos destruir, quemar o trasmutar alguna situación no deseada pordemos usar esta herramienta de las llamas. Si usted cree que la meditacion en silencio usando las llamas le puede ayudar a seguir adelante y hacia arriba pues le aconsejo que las use siguiendo lo anteriormente explicado para la llama violeta. Para cada situacion especifica existe una llama de diferente color.
Rosada: Amor divino, contra el odio, rencor, envidia, guerras, tensión.

Amarilla dorada: inteligencia, sabiduria, desiciones, iluminación. Verde: La verdad, curación, enfermedades, debilidad, mentira.

Blanca: Ascención, resurección, contra la depresión, autoestima, muerte.

Violeta: Misericordia, perdón, compressión, transmuta el karma.

Azul Zafiro: Voluntad de Dios, felicidad, fé, poder, protección, voluntad.

Oro-Rubi: La gracia, la paz, providencia, tranquilidad.

La llama triple en tu Corazon. Azul-Oro-Rosa.

Para hacer una revisión de tus vidas, donde haz errado y como saldar esa deuda. Es una conversacion tranquila con EL Eterno.

- "Nada está inmóvil; todo se mueve; todo vibra." .Este principio encierra la verdad de que todo está en movimiento constante, de que nada permanece inmóvil, cosas ambas que confirma por su parte la ciencia moderna, y cada nuevo descubrimiento lo verifica y comprueba. Y a pesar de todo, este principio hermético fue enunciado miles de años atras por los Maestros del antiguo Egipto. Este principio explica las diferencias entre las diversas manifestaciones de la materia, de la fuerza de la mente y aún del mismo espíritu, las que no son sino el resultado de los varios estados vibratorios. Desde el TODO, que es puro espíritu, hasta la más primitiva forma de materia, todo está en vibración: cuanto más alta es esta, tanto más elevada es su posición en la escala. La vibración del espíritu es de una intensidad casi infinita; tanto, que prácticamente puede considerarse como si estuviera en reposo, de igual manera que una rueda que gira rapidamamente parece que está sin movimiento. Y en el otro extremo de la escala hay formas de tan densa, cuya vibración es tan débil que parece también estar en reposo. Entre ambos polos hay millones de millones de grados de intensidad vibratoria. Desde el electrón, el átomo hasta el Universo por entero, todo está en vibración. Y esto es igualmente cierto en lo que respecta a los estados o planos de la energía, y a los planos mentales y espirituales. Una perfecta comprensión de este principio habilita al estudiante hermético a controlar sus propias vibraciones mentales, así como influenciar en las de los demás. Los Maestros también emplean este principio para usar los fenómenos naturales en la consecucion de sus deseos. "El que comprenda el principio vibratorio ha alcanzado el cetro del poder", ha dicho uno de los más antiguos maestros. Si todo tiene una vibración en el universo existe una afinidad o un magnetismo entre las vibraciones comunes o del mismo tipo. Sí por ejemplo algo nos parece fuera de sitio o de una vibracion no deseada tendemos a rechazarlo y si algo está en nuestra misma frecuencia lo atraemos. Esto significa que lo que generamos, la vibración que emitimos hará que atraigamos personas y eventos del mismo tipo del que nosotros realizamos, y nos veremos rechazados y rechazaremos aquellos eventos o personas que estén en un nivel de vibración diferente, por supuesto aplicado en cualquier sentido: Si vibramos negativamente alejaremos las cosas positivas de nuestro entorno; si lo hacemos de manera positiva alejaremos las negativas, comenzando con la negatividad interna. Se debe polarizar el ambiente, llevando siempre su mente al estado positivo. Sentimiento y mente forman el alma y tu personalidad. Cada quién adquiere una cifra vibratoria, una clave de vibracion que es como una presentacion energetica que te circunda y atrae lo semejante a tu clave de vibración y repele las vibraciones diferentes ajenas a tus intereses. Siempre actúas bajo esa ecuación energética.

4TH.- RITMO

(TODO FLUYE Y REFLUYE; TODO TIENE SUS PERIODOS DE AVANCE Y RETROCESO; TODO ASCIENDE Y DESCIENDE; TODO SE MUEVE COMO UN PENDULO; LA MEDIDA DE SU MOVIMIENTO HACIA LA DERECHA, ES LA MISMA QUE LA DE SU MOVIMIENTO HACIA LA IZQUIERDA; EL RITMO ES LA COMPENSACION)

- El principio del ritmo está estrechamente relacionado con el de polaridad.

- El ritmo se manifiesta entre los dos polos. Estre dos estados. Entre dos imagines. Entre dos situaciones. Entre dos dimensiones.

- Siempre hay una acción y una reacción, un avance y un retroceso, una elevación y una caída, manifestándose en todas las cosas y fenómenos del Universo.

- Los Universos se crean, desde el punto más bajo de materialidad y el más alto de espiritualidad. entonces comienza la oscilación hacia el punto mas alto de materialidad y el más bajo de espiritualidad. Hay una emanación y luego una absorción: Venimos de Dios y a Dios regresamos. Este es nuestro gran ritmo.

- El universo, Los sistemas planetarios, Las civilizaciones, los movimientos filosóficos, los gobiernos: nacen, crecen, maduran, decaen y mueren, nuestra vida terrenal. Las estaciones del año, el día y la noche, el pulso, el amor humano. Todo tiene su ritmo.

- No se puede anular el principio. Del Ritmo pero una vez conocido no debemos permitir que nos maneje despues de conocer el principio. Aprendamos a usarlo en vez de ser usados por el.

• Los herméticos han descubierto el medio de substraerse al efecto del ritmo mediante la transmutación.. Hay dos planos de conciencia: El plano de conciencia superior y el plano de conciencia inferior, permitiendo elevarse al plano Superior, escapando a la oscilación del péndulo rítmico que se manifestaba en el plano Inferior. La oscilación del péndulo se produce en el plano inconsciente y la conciencia no queda afectada. Esta es la **Ley de la Neutralización**. Su operación consiste en elevar al Ego por encima de las vibraciones del plano inconsciente de la actividad mental, de manera que la oscilación negativa del péndulo no se manifieste en la conciencia y no quede uno afectado por ella. La forma polarizarse en el polo requerido, por un procedimiento semejante a "rehusar" el participar en la oscilación retrógrada, o, si se lo prefiere, "negando" su influencia sobre él, se mantiene firmemente en la posición polarizada y permite al péndulo oscilar hacia atrás en el plano inconsciente, impidiendo que los estados mentales negativos le afecten. Las mareas de sentimientos y emociones van y vienen, suben y caen. A un periodo de entusiasmo sigue uno de depresión, a los de valor siguen los de desaliento y miedo, etc. Si se comprende la operación de este principio, se obtendrá la clave para dominar esas situaciones y uno se podrá conocer a sí mismo mucho mejor, evitando además dejarse llevar por esos flujos y reflujos. El péndulo siempre oscila, si bien hemos de evitar ser arrastrados por su oscilación.

• La regla es que la capacidad para el placer y el dolor en cada persona está equilibrada. La ley de la compensación opera también aquí. Si se posee una cosa, falta otra. Las cosas que uno obtiene siempre las paga con las que pierde. Realizando el proceso de neutralización, se puede rehuir la oscilación hacia el dolor, pérdida etc.

- Si uno quiere tener mucho dinero lo puede conseguir utilizando la mente, pensamientos, sentimientos, la llama roja, el rayo de la provisión etc. Pero que ocurre que cuando uno adquiere mucho dinero?
  Por el principio del ritmo? Vendrá el retroceso del pendulo y tendrá carencia. Que ocurre si lo utilizas en positivo y subes al proximo estadio de un nuevo ritmo, en una dimension más elevada, hacia arriba en la zona de vibraciones con frecuencias más altas, más altruistas. Usted estará tán ocupado en utilizarlo en el bien común, que no podrá utilizarlo todo para el bien personal y no hay retroceso.

- Si se quiere estar a salvo de este principio lo que hay que hacer es no irse a ninguno de los extremos. Se puede vivir a igual distancia del par de opuestos. Esto es el <u>Camino Medio</u> que enseñó el Gautama "Buda". Los Sabios viven a igual distancia de los extremos y no se inmutan ni por el bien ni por el mal se mantienen igual en la desbordante alegría como en la hundible tristeza.

- No califiques, no critiques, no jusguez. Humildemente ve observa y aprende.

- Si no quieres sufrir carencia, no despilfarres en la opulencia. Si no deseas enfermarte, no abuses de tu cuerpo cuando gozas de perfecta salud, Si no quieres tener desequilibro de excesiva mundanalidad, no te hagas pasar por excesivamente espiritual o místico.

- El exito es mantener firmemente los los puntos medios, estar la mayor parte del tiempo equidistante de los polos. En el caso de un exesivo exito, salirse de egoismo humano y aumentar el altruismo desinteresado, haciendo felices a otros seras más feliz tu y estarás inmunizado en el recorrido negativo del péndulo. El mejor consejo es mantenerse atento al endiosamiento y siempre mirar hacia abajo de donde vienes y donde quedan tantas personas que necesitan saber y ascender. Ser magnanimos te exime de sufrir la parte negativa del péndulo. Recuerda que "dando es que recibimos." De la misma forma que actuar de mala fe te traerá de regreso diez veces la malda que proyectastes, y te llevará de nuevo al príncipio del recorrido del péndulo y lo tendras que vivir nuevamente; actuar con bondad te la devolverá tambien 10 veces incrementado lo que entregastes y te ahorrará el recorrido negativo, ascendiendo a una dimensión superior que te pondrá al ínicio de una nueva etapa del pendulo pero sin transitar la desafortunada parte negative del recorrido.

• En el principio del ritmo: Todo fluye y refluye; todo tiene sus períodos de avance y retroceso, todo asciende y desciende; todo se mueve como un péndulo; la medida de su movimiento hacia la derecha, es la misma que la de su movimiento hacia la izquierda; el ritmo es la compensación." El Kybalion.

• Este principio encierra la verdad de que todo se manifiesta en un determinado recorrido de ida y vuelta; un flujo y reflujo, una oscilación de péndulo entre los dos polos que existen de acuerdo con el principio de polaridad, anteriormente descrito. Hay siempre una acción y una reacción, un avance y un retroceso, una ascensión y un descenso. Y esta ley rige para todo; soles, mundos, animales, mente, energía, materia. Esta ley lo mismo se manifiesta en la creación como en la destrucción de los mundos, en el progreso como en la decadencia de las naciones, en la vida, en todas las cosas, y finalmente, en los estados mentales del hombre, y es con frecuencia a relativo a esto último que creen los hermetistas que este principio es el más importante. Los hermetistas han descubierto este principio, encontrándole de aplicación universal, y asimismo han descubierto ciertos métodos para escapar a sus efectos, mediante el empleo de las fórmulas y métodos apropiados. Emplean para ello la ley mental de neutralización. No pueden anular el principio o impedir que opere, pero han aprendido a eludir sus efectos hasta un cierto grado, grado que depende del dominio que se tenga de dicho principio. Saben como usarlo, en vez de ser usados por él. En este y en otros parecidos métodos consiste la ciencia hermética. El Maestro se polariza a sí mismo en el punto donde desea quedarse, y entonces neutraliza la oscilación rítmica pendular que tendería a arrastrarlo hacia el otro polo. Todos los que han adquirido cierto grado de dominio sobre sí mismos ejecutan esto hasta cierto punto, consciente o inconscientemente, pero el Maestro lo efectúa conscientemente, y por el solo poder de su voluntad alcanza un grado tal de estabilidad y firmeza mental casi imposible de concebir por esa inmensa muchedumbre que va y viene en un continuado movimiento ondulatorio, impulsada por ese principio de ritmo. Este, así como el de la polaridad, ha sido cuidadosamente estudiado por los hermetistas, y los métodos de contrabalancearlos, neutralizarlos y emplearlos, forman una de las partes más importantes de la alquimia mental hermética.

Los ciclos de inicio, suceso de los actos y finalización existen en aspectos infinitos desde el comienzo de los tiempos. No es posible detenerlos puesto que se iría en contra de la ley natural, sin embargo lo que permite "neutralizar" sus efectos es hacer conciente cada estado posible, de esta manera con la capacidad del espiritu los ciclos emocionales o del entorno, imposibles de evitar, son comprendidos y la afectación es minima. Así podemos estar serenos o tranquilos en momentos de adversidad, dejar ir a los seres queridos cuando termina su ciclo de vida comprendiendo que simplemente partieron antes que nosotros, recuperar la felicidad en situaciones de extrema tristeza, logrando que el entorno no nos absorba ni nos controle.

Por lo tanto, en los ciclos bajos, decreta serenidad y tranquilidad y deja que la situación quede en manos de Dios. Piensa que si hoy te sientes perjudicado, Dios, por el otro lado de la oscilación, te está compensando en igual medida. Mantente firme en la cresta de la ola y sé feliz, porque la luz de Dios nunca falla.

- Muchas personas se consideran a si mismos como victimas en su vida. Han tenido padres, maestros, preceptors y hasta guias religiosos abusivos; más del 85 % de las familias en el mundo entero son familias disfuncionales y las personas crecen en un medio muy ostil. Por lo tanto tu no eres único. Tu eres el escogido para romper el ciclo disfuncional. Tu tienes que iniciar el cambio hacia lo positivo en tu vida e influenciar para que ese cambio se extienda a todos. No existen limites para ti. Hazlo!

- Tu misión es la misión que tu mismo te asignastes. Tu destino es ese que tu escogistes y seras exitoso si empleas estos conocimientos que estas adquiriendo y los sigues al pie de la letra.

- Persigue ese sueño, por tu más grande entusiasmo, tus sentimientos y todas las barreras caerán ante ti. Tu tienes las energías y desición necesarias para ser el creador de tu universo.

- Modernamente con La Teoria de la Relatividad ha quedado demostrado que la interpreación y resultados de un experimento o la explicacion de un fenomeno cualquiera depende fundamentralmente de la posición de los observadores que lo describan y reporten. Esto no es más por lo tanto que una explicación cientifica, moderna a algo que Hermes dijo hace más de tres mil años atras. Podemos cambiar la el resultado de la experiencia si variamos la perpectiva de los planos de observación, si conocemos los principios y los usamos adecuadamente. Trasmutando las situaciones y conflictos del plano inferior y resolverlos en los planos superiores.

5ᵗʰ.- PRINCIPIO DE POLARIDAD.

(TODO ES DOBLE; TODO TIENE DOS POLOS, TODO SU PAR DE OPUESTOS; LOS SEMEJANTES Y LOS ANTAGÓNICOS SON LO MISMO; LOS OPUESTOS SON IDENTICOS EN NATURALEZA, PERO DIFERENTES EN GRADO; LOS EXTREMOS SE TOCAN; TODAS LAS VERDADES SON SEMIVERDADES; TODAS LAS PARADOJAS PUEDEN RECONCILIARSE)

- Todo es dual, todo tiene su positivo y su negativo, masculino y femenino, norte y sur, frio y calor, luz y oscuridad, bien y mal, riqueza y pobreza, amor y odio, temor y valentia, belleza y fealdad, incredulidad y fe.

- Al establecerse en una de las polaridades se activa la otra. El frío evoca el calor, el bien el mal, lo masculino a lo femenino. Los polos opuestos se atraen y se complementan.

- Para que algo funcione ha de haber los dos polos funcionando: una luz necesita los polos electricos, positivo y negativo para funcionar, en un matrimonio se unen no solo dos sexos diderentes. En realidad se unen dos especies completamente diferentes en casi todo. Uno es polo generador y el otro el creador, uno es la razón y el otro la intuición, uno es ying y el otro es yang, uno es suave y el otro duro y ante todas esas diferencias se establece el milagro del amor y surge un nuevo ser que es la culminacion de la creación y la supervivencia de la humanidad.

- El espíritu y la materia no son más que polos de la misma cosa, siendo los planos intermedios solo cuestión de grados y frecuencias de vibración. El viaje de la materia a el espiritu es una epopeya.

• Donde existe una cosa encontramos su opuesta.

• Las cosas de diferente clase no pueden transmutarse unas en otras, pero sí las de igual clase.

• Ante un problema de tristeza, melancolía y temor, eleva tu propia vibracion mental al deseado grado de vibración y mediante tu voluntad puedes por inducción producir otro estado mental en esa persona o en ti mismo y ésta se polariza hacia el polo contrario al que se encuentra alejandose del estado depresivo, transformandose la tristeza en alegría, el temor en valor etc. El cambio es más bien cuestión de grado que de clase.

• Los estados de la mente son puramente cuestión de grados, al comprobar el hecho podrá elevar las vibraciones interiores a voluntad, cambiando su polaridad, haciéndose dueño de sus pensamientos, en vez de ser su esclavo y servidor.

• Cuando se comprende que la inducción mental es factible, esto es, que los estados mentales pueden producirse o cambiarse por inducción de otras personas, entonces se verá cómo puede comunicarse a otra persona cierta clase de vibración o polaridad, cambiándose así la polarización de la mente entera.

• La práctica de este principio nos hace comprender major nuestros propios estados mentales y a influenciar positivamente en los demas.

• Este principio nos permite ayudar a otros inteligentemente: Reconociendo el "YO SOY" en el prójimo y que este es perfección. Bendiciendo y reconociendo el "*Concepto Inmaculado*" en los demás a pesar de la apariencia que estén manifestando, esto cura y hace mejorar las situaciones de imperfección. En los procesos de Transmutación mental (Alquimia) siempre trasmutamos elementos de la misma naturaleza: enfermedad y salud: la verdad es la vida y la vida es saludable, luego la enfermedad es una apariencia, así que reconoce el concepto inmaculado en la persona. Al positivismo pertenece la sonrisa y al negativismo el ceño fruncido, si quieres cambiar del polo en plena manifestación: SONRIE y di la afirmación: "<u>Declaro el bien en esta situación, lo bendigo y lo quiero ver</u>" , y verás transmutarse lo negro en blanco, lo triste en alegre, el mal en bien.. Polariza las situaciones que se presenten, los ambientes, las personas que hablan contigo. Esta es la principal herramienta a usar en la Trasmutacion Alquimica.

• Cuando inicies las prácticas de trasmutar elementos o situaciones de la misma naturalez de un medio en otro siempre aparecerán situaciones que te haran dudar, esto es absolutamente natural; son pruebas que apareceran en tu camino. Cuando tratas de hacer el bien "poniendo la paz donde esta la Guerra", apareceran ferreas resistencias, a veces por las dos partes y apareceran tus primeras pruebas, pero poniendo más suaves tus palabras y una sorisa en tu mente, más que en tu rostro. Diras: Declaro que: Yo estoy aqui por una razón y la razón es hacer que se restablezca un ambiente de armonia y entendimiendo, tranmutare esta situación en una más conveniente, más favorable, mas beneficiosa para todos, lo bendigo, estoy inspirado por el TODO y lo quiero ver.

• "La transmutacion mental."La única realidad que se oculta tras todo cuanto existe es mente y el Universo en sí mismo es una creación mental, esto es, existe en la mente del TODO. Pero no debemos confundir esto como he dicho antes y pensar que la existencia es solo un mundo imaginario y solo somos un sueño. Somos reales y materiales pero conducidos por ese magnifico regalo que nos entrego EL, nuestras mentes. Somos pequeños dioses, somos la pequeña expresion humana del TODO. Nuestras mentes pueden moldear todas las situaciones materiales. La mente del individuo los conduce al exito o al fracaso.

- Si el Universo es mental y el TODO es mente, esto significa que los seres humanos somos mentes tambien y somos capaces de acceder a esa "Conciencia Cosmica Universal" o "Mente de creacion primaria", asi estariamos conectados con ese YO divino y tambien con nuestro creador en el origen. Por lo que el TODO no ha otorgado la capacidad de crear, orientar y dirigir nuestra propia creación en una forma positiva o negativa eso depende de nosotros. Lo que sembramos hoy, eso cosecharemos mañana. De acuerdo con el progama que pongas en tu mente determinaras tu exito personal o tu fracaso. Pero considera que tu exito tocara tambien a muchas personas a tu alrrededor y estas personas ascenderan de posición, gracias a ti. El triunfo de un hombre siempre abarca un amplio grupo de personas por lo tanto el exito de un hombre es el exito parcial de la humanidad. Tu tienes una responsabilidad ante EL y es hacer avanzar a todos junto contigo. Si no lo haces así habras fallado en esa misión.

- La dificil práctica de la la transmutación mental trabaja en los planos vibratorios de las situaciones. El proceso funciona elevando la frecuencia vibratoria hasta crear una más favorable condición con diferentes técnicas para transformar estas condiciones y estados mentales en otros más adecuados y convenientes, de acuerdo con los "TRATAMIENTOS", "AFIRMACIONES" y "AUTOSUGESTIONES". Existen muchas técnicas puedes escoger la que desees, pero lo principal es que cuando estes en el proceso de trasmutar te concentres muy bien en lo que estas haciendo y fijes bien en lo que deseas que ocurra, en tu mente. No des lugar a descuidos o perturvaciones.

- Lo que tu resistes, persiste dijo Carl Jung. Cuando se desea eliminar una situación no deseada se debe ir al otro polo.

Si lo que se desea es hacer una campaña en contra de la Guerra, lo que hay que hacer es una campaña a favor de la paz. Si se desea hacer una campaña en contra de las drogas, lo que hay que hacer en una campaña en favor de una vida más sana, Si se quiere eliminar el hambre, hay que hacer planes para producir y distribuir alimentos. Tenemos que enfocarnos en lo que queremos, no en lo que no queremos. Lo que resistes, persiste. CJ.

- Todo va donde la ambición va. No puedes pensar en limitaciones, sino inmediatamente vas al polo opuesto al que quieres ir. Tienes que pensar en abundancia en la opulencia. Hay más que suficiente para todo el mundo.

- La vida tiene que ser abundante, que digo abundante, opulente. Jesus de Nazared dijo: "No solo quiero que tengas vida, pero que la tengas en abundancia".

- Llenate de poder y de deso de compartir con todos. El universo es el maestro de la abundancia, la felicidad y la Buena salud. Tu mente te puede trasladar de la necesidad a la prosperidad sin limites. Polarizate en lo que quieres, sientelo, disfrutalo, agradecelo y bendicelo. Nosotros creamos nuestra propia felicidad.

- Es sumamente importante que te sientas bien, que te sientas feliz; porque constantemente, estas enviando una señal al universo y esa señal tiene que ser una señal positiva, de alegria, de triunfo. Y el universo te regresará una respuesta igual. Tienes que ser optimista y feliz de profesión. En este momento decreta que siempre serás una persona óptimista y feliz. Y el universo siempre te enviará de regreso esa energía.

- La mente, así puede acondicionarse y actuar sobre las situaciones y puede transmutar una situacion no deseada en otra deseada, Esto se logra pasando de un estado a otro estado, de un grado en otro grado, de condición en condición, de polo a polo, de vibración en vibración. La verdadera transmutación hermética es una práctica, un método, un arte mental complicado en el que hay que poner una gran voluntad de HACER. Se tiene que tener una motivación muy grande, porque el trabajo mental es arduo.

- Como he explicado antes. No sólo los estados mentales de uno mismo pueden ser transmutados, sino que también puede hacerse esto con la mentalidad de los demás, sobre todo cuando los demás ignoran los medios de protegerse así mismos. Muchos estudiosos del mentalismo saben que las condiciones materiales dependen de las mentes de los demás, y pueden ser transmutadas y cambiadas de acuerdo con los deseos de la persona que quiere modificar sus condiciones de vida. Por lo tanto el que realize el trabajo de transmutación tiene que tener un grado de honorabilidad y de deseo de servir muy grande. Hay formas de operar para el bien y por su puesto para el mal, LA FUERZA puede ser empleada en ambas direcciones, de acuerdo con la polaridad. El que actua con perversidad recogera el fruto de su maldad, pero el que lo hace por su bien y el bien del genero humano tambien recogerá las bendiciones y riquezas que por derecho le serán entregadas.

- La paradoja divina: "El sabio a medias". Reconociendo la irrealidad relativa del universo, se imagina que puede desafiar sus leyes. Ese no es más que un tonto vano y presuntuoso, que se estrellará contra las rocas y será aplastado por lo elementos, en razón de su locura.

- El "Verdadero Sabio", conociendo la naturaleza del universo, emplea el conocimiento de La Ley Superior para confrontar Las Leyes Inferiores: Las superiores contra las inferiores y por medio de la alquímia transmuta lo que es indeseable en deseable, lo que no vale en algo valioso y de esa manera triunfa.

- La vision del adeptado consiste no en sueños anormales, visiones o imágenes fantasmagóricas, sino en el sabio empleo de las fuerzas superiores para escapar el influjo de las inferiores, escapando así de los dolores de los planos inferiores vibrando en los más elevados. La Trasmutación, no la negación presuntuosa. Es el arma del maestro que busca la perfección y el mejoramiento propio y el de la humanidad al mismo tiempo.

- Esa es la paradoja del Universo, la que resulta del principio de polaridad.

- No vivimos en un mundo de sueños, sino en un Universo que, si bien es relativo, es real por lo menos en lo que concierne a nuestra vida y obras. Nuestra misión en el Universo no es negar su existencia, sino vivir, empleando debidamente sus leyes para ascender de lo inferior a lo superior, viviendo y hacienda lo mejor que podamos dentro de las circunstancias que surgen cada día, y viviendo, todo lo posible, nuestras más elevadas ideas e ideales.

- Lo que se conoce como la "Ley de la paradoja" es un aspecto del principio de polaridad. Recordad la paradoja divina que afirma que si bien "El Universo no es, sin embargo es" recordemos siempre los dos polos de la verdad -lo absoluto y lo relativo- guardémonos de las verdades a medias. Los instructores están siempre batallando para que los estudiantes no omitan el "otro lado" de cualquier cuestión, y sus recomendaciones se dirigen especialmente a los problemas de lo absoluto y lo relativo, que tanto confunden a los estudiantes de filosofía y que obliga a tantos a pensar y obrar contrariamente a lo que se denomina EL SENTIDO COMUN, por cierto "el menos comun de los sentidos."

- Conservad siempre la mente fija en el brillo y la belleza de las estrellas, pero cuidado mirad donde poneis los pies, no os vayais a hundiros en algún abismo

• Es muy cierto que cuanto más nos elevamos en la escala de evolución, tanto más cerca nos encontramos de la mente del Padre y tanto más evidente se hace la naturaleza ilusoria de las cosas finitas, pero hasta tanto el TODO no nos absorba finalmente dentro de él mismo no se desvanecerá la visión.

• El principio de polaridad "Todo es doble, todo tiene dos polos; todo, su par de opuestos: los semejantes y los antagónicos son lo mismo; los opuestos son idénticos en naturaleza, pero diferentes en grado; los extremos se tocan; todas las verdades son medias verdades, todas las paradojas pueden reconciliarse." El Kybalion.

• Este principio encierra la verdad de que todo es dual; todo tiene dos polos; todo su par de opuestos, afirmaciones que son de otros tantos axiomas herméticos. Explica y dilucida las antiguas paradojas que han dejado perplejos a tantísimos investigadores, y que literalmente decían: "La tesis y la antítesis son idénticas en naturaleza, difiriendo sólo en grado"; "los opuestos son idénticos en realidad, diferenciándose en su gradación"; "los pares de opuestos pueden conciliarse, los extremos se tocan"; "todo es y no es" al mismo tiempo, "toda verdad no es sino media verdad"; "toda verdad es medio falsa", etc. Este principio explica que en cada cosa hay dos polos, dos aspectos, y que los "opuestos" no son, en realidad, sino los dos extremos de la misma cosa, consistiendo la diferencia, simplemente, en diversos grados entre ambos. El calor y el frío, aunque opuestos, son realmente la misma cosa, consistiendo la diferencia, simplemente, en diversos grados de aquella. Mirad un termómetro y tratad de averiguar donde empieza el calor y donde termina el frío. No hay nada que sea calor absoluto en realidad, indicando simplemente ambos términos, frío y calor, diversos grados de la misma cosa, y que ésta se manifiesta en esos opuestos no es más que los polos de eso que se llama Calor, o sea la manifestación del principio de polaridad que nos ocupa. El mismo principio se manifiesta en la "luz" y la "oscuridad", las que, en resumen, no son sino la misma cosa, siendo ocasionada la diferencia por la diversidad de grado entre los dos polos del fenómeno. ¿Dónde termina la oscuridad y dónde empieza la luz? ¿Cuál es la diferencia entre grande y pequeño? ¿Cuál entre alto y bajo? ¿Cuál entre duro y blando? ¿Cuál entre blanco y negro?¿Cuál entre positivo y negativo? El principio de polaridad explica esta paradoja. El mismo principio opera de idéntica manera en el plano mental. Tomemos, por ejemplo, el amor y el odio, dos estados mentales completamente distintos aparentemente, y notaremos que hay muchos grados entre ambos; tantos, que las palabras que nosotros usamos para designarlos, "agradable" y "desagradable", se esfuman una en la otra, hasta tal punto que muchas veces somos incapaces de afirmar si una cosa nos causa placer o disgusto. Todas no son más que gradaciones de una misma cosa, como lo comprenderemos claramente por poco que medites sobre ello. Y aun más que esto, es posible cambiar o transmutar las vibraciones de odio por vibraciones de amor, en la propia mente y en la mente de los demás, lo que es considerado como lo más importante por los hermetistas. Esta es la verdadera Alquimia. Muchos de los que leen estas páginas han tenido experiencias en ustedes mismos y en los demás de la rápida e involuntaria transición del amor en odio y recíprocamente. Y ahora comprenden la posibilidad de efectuar esto por medio del poder de la voluntad, de acuerdo con las fórmulas herméticas. El "Bien" y el "Mal" no son sino los polos de una misma y sola cosa, y el hermetista comprende y conoce perfectamente el arte de transmutar el mal en el bien aplicando inteligentemente el principio de polaridad. En una palabra, el "arte de polarizar" se convierte en una fase de la alquimia mental, conocida y practicada por los antiguos y modernos Maestros herméticos. La perfecta comprensión de este principio capacita para cambiar la propia polaridad, así como la de los demás, si uno se toma el tiempo y estudia lo necesario para dominar este arte.

Al conocer esto, lo que se debe analizar es que parte del opuesto buscamos, movernos los grados adecuados para alcanzar precisamente el area del polo que buscamos. Si queremos tender hacia la "luz" entonces partimos de nuestra parte "oscura" transformando esas zonas hasta alcanzar zonas luminosas, si tenemos zonas de "blancura" debemos entonces luchar por mantenerlas y no permitir que se degraden a aspectos "negros" de nosotros mismos. Entender este principio nos permite descubrir que todo es suceptible de ser transformado, aún nuestros defectos más arraigados pueden convertirse en las virtudes buscadas.

Para el poder espiritual no hay fronteras; si logras conectar tu mente en la corriente universal de vida, que es Dios actuando como vida; esta vida será indestructible. Sólo debes evitar cerrarle el paso con miedos, temores, afirmaciones negativas, falta de fe, etc. Tanto el polo positivo, como el negativo, actúan bajo una misma energía: Dios. Todo es de Él, en todo está Él, por eso se le llama EL TODO. Tú tienes libertad para usar esa energía en el polo que elijas, he ahí tu libre albedrío, contra el que nada ni nadie tiene poder, sólo tú al escoger.

6ᵀᴴ.- Causa Y Efecto

(Toda Causa Tiene Su Efecto; Todo Efecto Tiene Su Causa; Todo Sucede De Acuerdo Con La Ley; La Suerte No Es Mas Que El Nombre Que Se Le Da A Una Ley No Conocida; Hay Muchos Planos De Causacion, Pero Nada Escapa A La Ley)

- Hay una continuidad entre todos los acontecimientos precedentes, consecuentes y subsecuentes. Todo en el universo está conectado, la materia la energía, el supuesto vacio. Todo. Nada flota en el vacio, porque este no existe como tal. Solo hay un cambio en la continuidad de la calidad en el espacio.

- Todo pensamiento generado en nuestra mente, todo acto realizado, tiene sus resultados directos e indirectos que se eslabonan coordinadamente en la gran cadena de Causas y Efectos.

- ¿Cómo podría existir algo independiente de la Ley y del orden?. No podemos imaginar nada fuera del TODO, más allá de la Ley, y esto porque el TODO es la Ley en sí mismo. Nada hay fuera de la Ley, nada puede ocurrir contra ella.

- NO existen las CA*SUA*LIDADES sino las "C*AUSA*LIDADES", Lo que siembras, lo recoges. Si haces un bien a alguien o si hablas bien de alguien sinceramente, en este acto salen vibraciones de color y sonido y por Ley de afinidad se une con otras vibraciones similares, y por Ley de atracción te regresan aumentado el bien que hiciste. Esto es el llamado KARMA, y ello pasa porque Dios es "infinita misericordia" y no deja a un hijo suyo en eterno castigo sin saldar sus deudas. Tanto como por compensación, tambien para cobrar el bien hecho. Karma positivo y Karma negativo todo lo que te está pasando ahora, tú te lo has buscado, si es bueno es porque has hecho cosas buenas y si es malo, es porque eso mismo le has hecho a los demás. Cuando caemos en la cuenta de este principio. No vamos a generar mala voluntad, odio, fealdad, mentira, agresión ni rencor, porque ya sabemos que siempre se nos va a devolver

- Los Maestros no se libran de la causación en los planos superiores, sino que están bajo el control de esas más elevadas leyes, y haciendo uso de éstas se hacen dueños de las circunstancias en los planos inferiores, de esta manera forman parte consciente de le Ley, en vez de ser sus ciegos instrumentos. Mientras obedecen y sirven en los Planos Superiores, dominan y son dueños del plano material (planos inferiores).
"Cuanto más lejana está la creación del centro más libre se está".

- La única forma para que este principio no nos siga afectando y no nos devuelva todo lo malo, es el PERDON. Perdonarlo todo al que te robó, le vas a decir "te perdono, te lo regalo"; al que te insultó "te perdono, te envuelvo en mi círculo de amor", no importa cuantas veces, ni cuanto te cueste perdonar.
"TODO VERDADERO MAESTRO ES UN SER DE PERDON."

- Existe un estado de conciencia donde ya no es necesario perdonar más, porque ya no se tiene "ego", o mejor dicho el ego solo tiene una fución de protección y no te ofendes por las acciones de otros, y tampoco te mueve este principio. de causa y efecto, "simplemente se vive sin calificar nada", sencillamente se observa, aceptas, no juzgas y continuas aprendiendo.

- "Yo soy" significa que ya sabes que lo tienes a El en accion continua expresado en tu vida. Que eres parte indisoluble de EL al mismo tiempo que EL está integrado contigo.

- "Yo soy" por consiguiente soy "EL" en accion. "Yo soy" vida, gracia, opulencia, generosidad, verdad y perdon manifestados ya en todas mis proyecciones.

- "Yo soy" La radiante presencia de EL, sin limitaciones de espacio, ni tiempo, sin edad, sin impureza y sin imperfeccion.

- "Yo soy" El poder, la inteligencia y el amor divino. Amada presencia. Te invoco en accion. El poder de mi presencia. "Yo soy" sustancia autoluminosa que irradia en todas direcciones, ilimitadamente al yo invocarlo.

- Esta es la forma de manifestar el "Yo soy" tanto dentro de ti como en tus hechos con respecto a los demas.

- Habla siempre bien de los demas, comenta sus meritos, sus triunfos, lo bien que se conservan, lo elegante que son, su belleza, su moral. Habla bien de todos desde el que limpia el piso hasta el dueño del negocio. Si no encuentras nada bueno que decirle o decir de ellos, entonces no digas nada.

- Recuerda que segun tu hagas así te harán. Ese es el principio de causa y efecto. segun tu comentario crea una causa va y así regresara a ti como efecto de esa causa. Si algun dia te sorprendes haciendo un comentario ácido de alguien détente enseguida y di bueno esto no lo debi decir yo no soy quien, ni estoy aqui para juzgar a nadie, ese no es mi papel. El encontrara un camino mejor, igual que yo lo he hecho.

- **El principio de causa y efecto** "Toda causa tiene su efecto; todo efecto tiene su causa; todo sucede de acuerdo a la ley; la suerte no es más que el nombre que se le da a la ley no reconocida; hay muchos planos de casualidad, pero nada escapa a la Ley." El Kybalion. Este principio encierra la verdad de que todo efecto tiene su causa, y toda causa su efecto. Afirma que nada ocurre casualmente y que todo ocurre conforme a la Ley. La suerte es una palabra vana, y si bien existen muchos planos de causas y efectos, dominando los superiores a los inferiores, aún así ninguno escapa totalmente a la Ley. Los hermetistas conocemos los medios y los métodos por los cuales se puede ascender más allá del plano ordinario de causas y efectos, hasta cierto grado, y alcanzando mentalmente el plano superior se convierten en causas en vez de efectos.

• Las muchedumbres se dejan llevar, arrastradas por el medio ambiente que las envuelve o por los deseos y voluntades de los demás, si éstos son superiores a las de ellas o ellos no tienen voluntad propia manifiesta y conciente. Las manipulaciones, las sugestiones y otras múltiples causas externas creadas por mentes más desarrolladas las empujan como autómatas en el gran escenario de la vida. Pero los Maestros, habiendo alcanzado el plano superior, dominan sus modalidades, sus caracteres, sus cualidades y poderes, así como el medio ambiente que los rodea, convirtiéndose de esta manera en dirigentes, en vez de ser los dirigidos. Ayudan a las masas y a los individuos a triunfar en el juego de la vida, en vez de ser ellos los peones o los autómatas movidos por ajenas voluntades, seran capaces de separar las verdades de las falsedades y podran endcontrar un camino más beneficioso y seguro.

• Utilizan el principio, en vez de ser sus instrumentos. Los Maestros obedecen a la causalidad de los planos superiores en que se encuentran, pero prestan su colaboración para regular y regir en su propio plano. En lo dicho está condensado un valiosísimo conocimiento hermético:
"El que sea capaz de leer entre líneas lo descubra, es nuestro deseo".

• Muchas veces permitimos búlicamente que las circunstancias dominen nuestra vida y algunos son llevados de un lado a otro sin voluntad propia, preguntandose por que les sucede esto a ellos, pero no se preguntan: Acaso EL no me ha dado la posibilidad de elegir, la posibilidad de asumir el control de mi propia vida? Algunos otros más que comienzan a abrir sus ojos ante esta ley y consideran entonces que "el destino" les está pasando una mala jugada. Sin embargo somos el producto de nuestras desiciones y de ser objetivos con nuestros deseos, de hacer que nuestros sueños se hagan realidad, aún aquellas que parece escapan de nuestras manos y que están muy lejos de nuestras reales posibilidades. No existe nada fuera de tus posibilidades. La realidad es que puedes alcanzarlo todo, por su puesto usando la ley. No pienses en designios de Dios o circunstancias geneticas, sociales o culturales; el resto está en cada cosa que hacemos o dejamos de hacer, no decidir incluso se convierte en una desición, estudiando la causa que esta produciendo el efecto podemos con toda conciencia observar y determinar los medios para cambiar o extirpar aquello que deseamos deje de afectarnos; esto es aplicable en lo físico, mental, social, material y espiritual. Dios decidio que tu tienes el derecho de triunfar, que tus circunstancias genéticas, sociales y culturales son las apropiadas. Tu eres el que tiene que actuar en concecuencia.

Sembrando causas positivas cosecharemos efectos positivos. En la capacidad CONCIENTE de ejercer el libre albedrío se logrará tener los efectos de las causas que deciden, directa o indirectamente como construimos nuestro propio destino. Nuestro propio universo.

7ᵀᴴ.- Generacion

(El Genero Esta En Todo; Todo Tiene Sus Principios Masculino Y Femenino; El Genero Se Manifiesta En Todos Los Planos)

- La función del género es la de crear y equilibrar; producir, aumentar y sus manifestaciones son visibles en cualquier plano.

- Todo es uno pero existe siempre una dualidad, siendo los dos aspectos simples fases de manifestación. El principio Masculino permanece aparte en la creación mental, proyecta su voluntad sobre el principio femenino siendo este el que continua la obra evolutiva del universo.

- La formación del átomo se debe a que los corpúsculos negativos se ponen a girar en torno de uno positivo. El cátodo o polo negativo es el Principio Madre de los fenómenos eléctricos y de las más sutiles formas de materia. Las partículas femeninas vibran más intensamente bajo la influencia de la energía masculina y giran también más rápido en torno de ésta. El desprendimiento o separación de los electrones femeninos se llama "ionización"; de sus uniones y combinaciones surgen las diversas manifestaciones de la materia y de la energia; de la luz, del calor, de la electricidad, el magnetismo, la atracción y repulsión, de las afinidades químicas y sus contrapartes. El principio femenino es el único que ejecuta siempre el trabajo activo creador en todos los planos.

- Positivo y negativo, masculino y femenino, etc... se encuentra en todo.

- EL es amor e inteligencia es PADRE, tambien es amor y generador de todo; tambien intuición y sesibilidad por lo que tambien es MADRE este es el único caso en que se conjugan las dos funciones en una. Y no puede ser de otra forma pues es el inicio de TODO y todo se produce a partir de EL. Pero no en el sentido sexual, pero si en el sentido generacional El es eso TODO y es inexplicable.

- **GENERO MENTAL**. Con la mente generamos "todo" gobiernos, teorías, amores, estados de salud, paz o guerra y hasta nuestra apariencia personal. Todo se genera, se produce por la mente, la material, los sucesos, la tecnología, fueron en un inicio solo una idea, una teoria y todo se organiza a partir de las ideas, los sentimientos y decision de hacer y se concreta en hechos tangible y utilizables..

- El ser humano es un creador por excelencia y la máxima y primera creación la hace a nivel mental, pero la mayoría de esto en inicio no es realida tangible, está solamente en la mente del que lo piensa y lo visualiza y luego lo elavora en fin lo inventa o crea. Son en las apariencias primarias en que luego se realizaran en creaciones.

- Los hombres son pequeños dioses, esta faculta fue EL el que decidio que la tuvieramos, si no hubiera estado en la mente de EL no seriamos lo que somos. Ni seriamos capaces de hacer lo que hacemos. Somos creadores de todo lo que nos sucede y por lo tanto, lo podemos modificar; y esto es muy importante. No tenemos que dejar una creacion no perfecta para siempre. La podemos cambiar la podemos enmendar, la podemos mejorar, incluyendo y muy fundamentalmente, a nosotros mismos.

- Absolutamente todo se genera primero en la mente de los hombres, crece se amplifica y repercute en el primero y en todos nosotros finalmente, así que siempre debemos procurar que todo lo que pienses sea lo mejor para ti y para toda la humanidad de manera perfecta hoy y siempre.

- El te creo como un ser fantastico y puso algo mágnifico y grande en ti. Usalo.

- La perfección y elevacion del ser humano está basada en el amor, la paz, la armonia, y el deseo de hacer el bien. Todos los conceptos anteriormente emitidos estan basados en "La ley del mentalismo" y "La ley de atraccion" que funcionan superponiendose se basan en la capacidad que tiene la mente de hacer que se produzca, que se cree lo que piensas. Tus propios conceptos, creencias, pensamientos, sentimientos y palabras los veras suceder. Todos tus logros o tus fracasos dependeran de eso. Somos nuestros propios creadores. Ten presente que los eventos son importantes, pero más importante es la actitud que tu asumes ante los eventos. El subconciente no dicierne, jamas borra este pensamiento. Lo único que se puede hacer para reparar el daño causado por un mal pensamiento es sustituirlo por otro de un contenido positivo y que ocupe el lugar que ocupaba el mal pensamiento.

- Tu fuiste creado para adicionar algo que falta en este universo. Estas aquí, porque existe un proposito para tu existencia. Tu eres el designado para escribir tu destino y completer de alguna forma el destino de la humanidad entera. Nadie puede escribir tu historia o cantar tu canción, bailar tu danza, construir tu casa o recibir tu diploma. Eres tu el que lo tiene que hacer y hacerlo bien.

- Todo lo que has vivido, pensado o generado en tu existencia ha sido para prepararte para este momento. Imaginate todo lo que puedes hacer a partir de ahora, con todo lo que sabes y el disernimiento que te da la experiencia y este nuevo conocimiento que estas adquiriendo.

- Todo lo nuevo y bueno que puedes hacer con esta nueva forma de usar tu mente, que gran inversion. Lo que tu seras empieza ahora.

- **La real funcion del cerebro**: El cerebro funciona digamos como una poderosa computadora que es capaz de conectar tus ideas, deseos y sentimientos instantaneamente con el mismo centro del universo, si efectivamente con el creador, con EL. Algunos lo llaman "Inconciente colectivo" otros "Archivos Akhasicos" Yo prefiero llamarlo "La mente del PADRE." En ese espacio primario y sagrado se almacena todo lo que piensas y produces tu y toda la humanidad, en sus más minimos detalles, no solo ahora en este momento, esto ocurre así desde la creacion, todos los eventos, sucesos y acontecimientos ocurridos desde el "principio" estan almacenados allí, especifica e individualmente formando en su suma la historia total de toda la humanidad, su pasado presente y futuro, sin que falte un detalle. Las filosofias chinas plantean en general que: <u>"No se movera siquiera la hoja de un arbol si no esta escrito en el libro de la vida."</u>

Ese fantastico instrumento capaz de conectar tus emociones, palabras y pensamientos con ese lugar donde se archiva toda la historia universal es tu cerebro, el es esa poderosa computadora que te conecta inmediatamente con ese infinito archivo central.

Pero cuidado, el cerebro tiene un filtro, un filtro que hay que conocer muy bien porque de no ser asi entraremos en dificultades. Ese filtro es tu subconciente. Si, el subconciente es el filtro por donde pasan todos tus pensamientos y como antes dijimos, ese filtro no analiza, lo registra todo. Este filtro guarda localmente en ti mismo, todo antes de trasmitirlo a la mente del TODO, y ese subconciente, que esta dentro de ti se cree, todo lo que tu le envias, el va a creer que es cierto toda esa información que tu le entras. Esto hace que tenemos que ser muy cuidadosos con lo que pensemos porque este filtro siempre te va a complacer y conformará tu vida de acuerdo a estas imagines que tiene gravadas en el, sean beneficiosas o perjudiciales para ti. Asíque piensa siempre en positivo, adecuada y convenientemente. De acuerdo a lo que a ti te conviene que se grave en tu propio subconciente. Esta es la unica forma de avanzar en tu camino en esta vida. Si tu subconciente tiene la información de que tu lo puedes hacer, tu lo podras hacer, pero si el tiene una información negativa, tu no lo podras hacer.

• Por lo tanto las tres funciones del cerbro son **producir** tus ideas, pensamientos y sentimientos e inmediatamente **gravarlas** en tu subconciente formando tu estado de animo y tu plan de acción, para enseguida **trasmitirlas** hacia el centro del universo, donde serán recibidas y almacenadas en ese cerebro central universal. Al mismo tiempo el universo enviara de regreso hacia ti una respuesta igual pero amplificada de tus ideas, pensamientos y sentimientos que sera tu entorno donde tu te desarrollaras mientras tu no envies otra señal diferente esa.

• **El principio del genero.** El genero existe en todo; como he dicho antes, todo tiene intrinsecamente su principio masculino y femenino; la generación se manifiesta en todos los planos. Este principio encierra la verdad de que la generación se manifiesta en todo, estando siempre en acción los principios masculino y femenino. Esto es verdad, no solamente en el plano físico, sino también en el mental y en el espiritual. En el mundo físico este principio se manifiesta como "sexo", y en los planos superiores toma formas más elevadas, pero el principio subsiste siempre el mismo. Ninguna creación física, mental o espiritual, es posible sin este principio. La comprensión del mismo ilumina muchos de los problemas que tanto han confundido la mente de los hombres. Este principio creador obra siempre en el sentido de "generar", "regenerar", "crear" y finalmente equilibrar. Cada ser contiene en sí mismo los dos elementos de este principio basicamente en equilibrio. Si deses conocer la filosofía de la creación, generación y regeneración mental y espiritual, debes estudiar este principio hermético, pues él contiene la solución de muchos de los misterios de la vida. Este principio nada tiene que ver con las degradantes teorías, enseñanzas y prácticas, las que no son más que una intento de confurdirlas con el gran principio Hermético del genero. Estas teorías y prácticas son la resurrección de las antiguas doctrinas fálicas, que sólo pueden producir la ruina de la mente, del alma y del cuerpo. La Filosofía Hermética no se ha limitado a la representación física que entendemos en este plano material de "hombre" "mujer", este principio va mucho más alla, es mucho más profundo en circunstancias aplicables en lo que se refiere a las funciones de cada aspecto. Cada principio tiene su rol que cumplir y su quehacer es complementario al otro, ninguno de los dos tiene existencia propia, siempre debe estar presente el otro, de lo contrario, jamás se producirá creación. El rol del principio masculino es atraer, estimular, sembrar, dirigir. El rol del principio femenino es germinar, reproducir y dar forma. Ambos son incluyentes. Y al mismo tiempo simbioticamente equilibrados.

En el Plano mental, podemos apreciarlo en las llamadas "dos mentes",Consciente y subconsciente; mente voluntaria y mente involuntaria; mente activa y mente pasiva; mente concreta y mente abstracta. El principio masculino corresponde a la mente activa, consciente, voluntaria, concreta, lógica. En tanto, el principio femenino es análogamente la mente pasiva, consciente, involuntaria, abstracta, receptiva, subjetiva. Cada uno de los seres humanos posee las dos partes, los dos principios generadores, aprender a conciliarlos permitirá un equilibrio en el ser, equilibrio que en estos tiempos es mas que necesario, para el simple bienestar personal

El Todo En Todo.
Todo Esta En El *Todo*, Tambien El *Todo* Esta En Todas Las Cosas. El Que Comprende Esto Debidamente, Ha Adquirido Gran Conocimiento.

- El TODO está en todas las cosas, en los objetos inanimados, los animales pero estos individualmente, por supuesto no son el TODO. Pero aunque estas cosas existen como unas pequeñas cosas, todas las cosas creadas tienen su lugar como elementos únicos en la mente del TODO, El TODO es inmanente a ellas, así como en todas y cada una de las infinitisimalmente pequeñas partículas que las componen. Por lo tanto hasta esa infnitisimal partícula creada tiene una parte del TODO. Todo absolutamente debe ser tratado en su momento con un gran respeto porque el TODO está en EL.

- Existen muchos planos del ser, muchos subplanos de vida, muchos grados y clases de existencia en la diferentes dimesiones del Universo. Y por todas partes, a lo largo de esta escala de vida todo está en constante movimiento. Todos estamos en el sendero, cuyo fin y meta es regresar de donde venimos a fundirnos con el TODO. Todos nos movemos hacia arriba y hacia adelante, a pesar de las aparentes contradicciones. El destino final es la fusion con EL. Pero para ello debemos ensanchar nuestras mentes infinitamente cn los conocimientos y practicas descritos aquí y los que descubriremos cada uno de nosotros a lo largo del camino de esta vida y de las que vendrán. Demostrando siempre bondad, respeto y tolerancia. Para ser merecedores y ser aceptados como una parte finalmente lo suficientemente desarrollada, para integrarnos a EL.

V- AXIOMAS HERMETICOS.

• La poseción del conocimiento, si no va acompañada por una intención y expresión de Buena fé en la práctica y en la obra, Es lo mismo que enterrar metales preciosos en el centro de la tierra: Una cosa vana e inútil. El conocimíento, lo mismo que la fortuna deben emplearse para el bien propio y el de la humanidad en general. "LA LEY DEL USO", es universal, y el que la viola sufrira por haberse puesto en comflicto con las fuerzas naturales.

• Para cambiar vuestras caracteristicas o estados mentales: Cambiad vuestra vibración.

• Uno puede cambiar sus vibraciones mentales mediante un esfuerzo de la voluntad, fijando la atención deliberadamente sobre el estado deseado. La voluntad es la que dirige la atención, y ésta es la que cambia la vibración. Cultívese el arte de estar atento, por medio de la voluntad, y se habrá resuelto el problema de dominar las propias modalidades y estados de la mente.

- Para destuir un grado de vibración no deseable. Ponga en operación El Principio de Polaridad y concentrese la atención en el polo opuesto al que se desea cambiar. Lo no deseable elimina cambiando su polaridad.

- Un estado mental y su opuesto son sencillamente dos polos de una misma cosa y mediante la trasmutación mental esa polaridad podía ser invertida concentrarse sobre la cualidad opuesta es la clave: si uno tiene miedo es inútil que pierda su tiempo tratando de aplacar el miedo, debe armarse de valor y saber que nada podra hacerle daño, nada podra vencer tu descición de triunfar de vencer; entonces el miedo desaparecerá. Para matar una cualidad negativa concentrarse sobre el polo positivo de esa cualidad y las vibraciones cambiaran gradualmente, hasta que finalmente se polarizará en el polo positivo y construyendo así el carácter.

- La mente, así como los metales y los elementos, pueden transmutarse de grado en grado, de condición en condición, de polo a polo, de vibración en vibración.

- Dominar la polaridad significa dominar los principios de la transmutación o alquimia mental. Salvo que se adquiera el arte de cambiar la propia polaridad, no se podrá afectar el ambiente que nos rodea. Hay que dedicar a ello el tiempo, el cuidado, el estudio y la práctica necesarios para dominar este arte. El principio es verdad, pero los resultados que se obtienen dependen de la persistente paciencia y práctica del estudioso.

- El ritmo puede neutralizaese mediante el arte de la polarización.

- El ritmo se manifiesta tanto en el plano mental, físico y emocional como el péndulo que nos arrastra de un extremo al otro. La Ley de la Neutralización nos capacita para sobreponernos al ritmo en la conciencia. Existe un plano de conciencia Superior y otro inferior; el Maestro elevándose mentalmente al plano Superior, hace que la oscilación del péndulo mental se manifieste en el plano inferior.   El hermético avanzado se polariza en el polo positivo de su ser, el "YO SOY", más que en el polo de su personalidad, y más que rehusando o negando la operación del Ritmo, se eleva sobre su plano de conciencia, permaneciendo firme en su afirmación de ser, y la oscilación pasa en el plano inferior, sin cambiar para nada su propia polaridad.

- El principio del ritmo no puede ser destruido porque es indestructible. Sólo es posible sobreponerse a una Ley equilibrándola con otra. Las leyes del equilibrio operan tanto en el plano mental como en el físico, y la comprensión de esas leyes le permiten a uno sobreponerse a ellas, contrabalanceándolas.

- Nada escapa al principio de "Causa y Efecto", pero hay muchos planos de causación y uno puede emplear las leyes del plano superior para dominar las del inferior.

- Elevándose sobre el plano de las causas ordinarias actuando altruisticamente se convierte uno, hasta cierto punto, en una causa, en vez de ser un simple efecto.

- El sabio sirve en lo superior, pero rige en lo inferior obedece a las leyes que están por encima de él, pero en su propio plano y en los que estan por debajo de él rige y ordena. Sin enmbargo, al hacerlo, forma parte del principio en si, en lugar de oponerse al mismo. El sabio se submerge en la ley, comprendiendo su extención, opera en ella en vez de ser su ciego esclavo. Al igual que un nadador, va de un lugar a otro por su propia voluntad, en vez de dejarse arrastrar como un madero por la coorriente. Sin envargo, el nadador y el madero, el sabio y el ignorante, estan todos sujetos a la ley. Aquel que esto comprenda va en buen camino que conduce al adeptado.

- La verdadera Transmutación Hermética es solamente un arte mental. Los verdaderos alquimistas no trataron nunca de trasmutar plomo en oro. La verdadera alquimia es trasmutar estados mentales inferiores en estados mentales superiores el que lo logre sera un maestro. Para el verdadero alquimista el oro no es un metal, es la luz del sol condensada en la pureza y la fuerza de sus pensamientos.

- El universo, que es absolutamente una creación mental. Puede conquistarse solo mediante la mente.

"BUSCAD LA VERDAD Y LA VERDAD OS HARÁ LIBRE"

V- "La tabla Esmeralda."
Hermes Trismegisto.

"La tabla Esmeralda"

Verdad, sin falsedad, cierto y muy verdadero, lo que está arriba es como lo que está abajo y lo que está abajo es como lo que está arriba, para la realización de los milagros de la **Cosa Una.** Y como todas las cosas proceden de **Una,** por la mediación de **Una,** así todas las cosas tienen su origen en esta **Cosa Una** por adaptación. El Sol es su padre, la Luna su madre, el Viento le lleva en su vientre, su nodriza es la Tierra. Este es el padre de toda perfección, o consumación de todo el mundo. Su poder es integrante, si es convertido en tierra.

Tu separarás la tierra del fuego, lo sutil de lo denso, suavemente y con gran ingeniosidad. Ello asciende de la tierra al cielo y desciende nuevamente a la Tierra y recibe el poder de los superiores y de los inferiores. Así tienes la gloria del mundo entero; por esto toda oscuridad huye ante ti. Esta es la fuerza fuerte de todas las fuerzas, venciendo todo lo sutil y penetrando toda cosa sólida. Así fue creado el mundo. De allí fueron todas las maravillosas adaptaciones, de las cuales ésta es la manera. Por esto soy llamado Hermes Trimesgistus, teniendo las tres partes de la filosofía del mundo entero. Lo que tengo para decir es completo concerniente a la operación del Sol.

PARTE PRIMERA
El Arte de la Alquimia es verdadero y cierto

En verdad, a saber que el Arte de Alquimia ha sido dado Sin mentira; y dice esto para convencer a los que afirman que la Ciencia es mentirosa, es decir, falsa. Ciertamente, esto es, experimentado, porque todo lo que se experimenta es cierto. Es verdadero, porque el muy verdadero Sol es procreado por el Arte.

El dice muy verdadero al superlativo, porque el Sol engendrado por este Arte supera a cualquier Sol natural en todas sus propiedades, tanto medicinales como otras.

PARTE SEGUNDA
La Piedra debe dividirse en dos partes

A continuación él aborda la operación de la Piedra diciendo: Lo de abajo es como lo de arriba. Dice esto porque la Piedra está dividida en dos partes principales por el Magisterio; a saber, en la parte superior que sube hacia lo alto y en la parte inferior que permanece abajo, fija, clara. Y siempre estas dos partes se armonizan virtuosamente. Es por lo que dice, Y lo de arriba es como lo de abajo. Ciertamente esta división es necesaria. Para obrar los milagros de una sola cosa. Es decir, de la Piedra, porque la parte inferior es la Tierra, que es la nodriza, el fermento, y la parte superior es el Cielo, el cual vivifica toda la Piedra, la resucita. Es por lo que estando realizadas la separación y la conjunción, muchos milagros se producen en la obra secreta de la naturaleza.

PARTE TERCERA
La Piedra tiene en sí los cuatro Elementos

Así como todas las cosas han sido hechas, así proceden de uno por la meditación de uno. Como todas las cosas han sido hechas, así son salidas de uno, a saber, de un globo confuso, o de una masa confusa, por la meditación, es decir, por el pensamiento-creación de UNO, esto es, de Dios Todopoderoso. También todas las cosas nacen. Es decir, salen de esta cosa única, de una masa confusa, por adaptación, es decir por el mandamiento-milagro de Dios. También nuestra Piedra nace y sale de una masa confusa, conteniendo en sí todos los Elementos, la cual ha sido creada por Dios; por su milagro nuestra Piedra es extraída y nacida.

PARTE CUARTA
LA PIEDRA TIENE PADRE Y MADRE,
QUE SON EL SOL Y LA LUNA

Como un animal que engendra naturalmente otros muchos animales semejantes a él, así el Sol artificialmente engendra el Sol por la virtud de la multiplicación de la Piedra. Por ello es por lo que se dice, Su padre es el Sol, es decir el oro de los Filósofos. Y como ocurre en todas las generaciones naturales, debe haber un lugar propio para recibir las semillas, en conformidad con una parte semejante. Así es necesario que en esta generación artificial de la Piedra, el Sol tenga una materia que sea como una matriz propia para recibir su esperma, su tintura. Y esta es la plata de los Filósofos. He aquí porque se dice: La Luna es la madre.

PARTE QUINTA
LA CONJUNCIÓN DE LAS PARTES ES LA
CONCEPCIÓN Y LA GENERACIÓN DE LA PIEDRA

Cuando estos dos se reciben el uno al otro en la conjunción de la Piedra, la Piedra se engendra en el vientre del viento, y es esto lo que él dice a continuación: El viento la lleva en su vientre. Es sabido que el viento es aire, y que el aire es vida, y la vida es el alma, de la que he dicho más arriba que vivifica toda la Piedra. De esta manera es necesario que el viento lleve toda la Piedra, y la devuelva, y que engendre el Magisterio. Por esto se dice que él debe recibir alimento de su nodriza, a saber, de la tierra. Por ello afirma el Filósofo: La tierra es su nodriza. Porque al igual que el niño sin el alimento que recibe de su nodriza jamás crecerá, así nuestra Piedra no será efectiva sin la fermentación de la tierra; y el fermento es llamado alimento. Así se engendra de un padre con la conjunción de su madre, la cosa, es decir, los hijos semejantes a los padres, los cuales, si no siguen la larga cocción, serán hechos semejantes a la madre, y retendrán el peso del padre.

PARTE SEXTA
LA PIEDRA ES PERFECTA SI EL ALMA ES FIJADA EN EL CUERPO

A continuación él dice, el padre de todo, el telesma del mundo, está aquí, es decir, que en la obra de la Piedra hay una vía final. Y notad que el Filósofo llama a la operación el padre de todo, el telesma, es decir, de todo el secreto o tesoro, de todo el mundo, a saber de toda Piedra que se ha encontrado en este mundo. Está aquí. Como si dijera: He aquí, yo te la muestro. Después el Filósofo dice ¿quieres que te enseñe cuándo la fuerza de la Piedra es acabada y perfecta? Cuando se convierta y cambie en su tierra. Y por esto dice: su fuerza y potencia es entera, es decir perfecta y completa, cuando se convierte y cambia en tierra. Es decir, si el alma de la Piedra (de la que se ha hecho mención más arriba, que el alma es llamada viento, y aire, en la que está toda la vida y la fuerza de la Piedra) es convertida en tierra, y que ella se fija de tal forma que toda la substancia de la Piedra se una con su nodriza (que es la tierra) y que toda la Piedra se encuentre y convierta en fermento. Y así como durante la elaboración del pan, un poco de levadura fermenta una gran cantidad de pasta, de esta manera cambia toda la substancia de la pasta en fermento. También quiere el Filósofo que nuestra Piedra sea hasta tal punto fermentada que ella sirva de fermento a su propia multiplicación.

PARTE SEPTIMA
LA MONDIFICACIÓN DE LA PIEDRA

A continuación el Filósofo enseña cómo la Piedra se debe multiplicar. Pero antes efectúa la mondificación (la limpieza) de ésta y la separación de las partes, diciendo: Separa la Tierra del Fuego, lo espeso de lo sutil, dulcemente y con gran cuidado. Dulcemente, es decir, poco a poco, no violentamente, sino con espíritu e industria (con arte), con el excremento o estiércol filosofal Separarás, es decir, disolverás; porque la disolución es la separación de las partes. La Tierra del Fuego, lo espeso de lo sutil, es decir la escoria y la inmundicia del fuego, del aire y del agua, y de toda substancia de la Piedra, de manera que ella permanezca entera y sin inmundicia.

PARTE OCTAVA
LA PARTE NO FIJA DE LA PIEDRA DEBE SEPARAR LA PARTE FIJA Y ELEVARLA

Así preparada, la Piedra puede entonces multiplicarse. El prepara ahora la multiplicación y habla de la sencilla licuación o fusión que ésta posee gracias a su virtud de penetrar en los cuerpos duros, diciendo: Sube de la Tierra al Cielo, y de nuevo desciende a la Tierra Aquí es necesario señalar que, aunque nuestra Piedra en su primera operación se divide en cuatro partes, que son los cuatro Elementos, sin embargo (y como se ha dicho anteriormente) hay dos partes principales en ella: una que sube hacia lo alto, llamada no fija o volátil, y otra que permanece fija abajo, llamada la tierra o fermento, como ya se dijo. Pero es necesario tener una gran cantidad de la parte no fija, donándola a la Piedra cuando ésta está muy limpia y sin inmundicia, haciéndolo tantas veces como sea necesario para el Magisterio, de tal manera que la Piedra, por la virtud del espíritu, sea llevada a lo alto, sublimándola y sutilizándola. Esto es lo que dice el Filósofo: Sube de la Tierra al Cielo.

PARTE NOVENA
LA PIEDRA VOLÁTIL DE NUEVO HA DE SER FIJADA

Después de todo esto, es necesario encerar esta misma Piedra (ya exaltada y elevada, o sublimada) con el aceite que ha sido extraído de ella en la primera operación, el cual es llamado el agua de la Piedra. Y él la hace girar repetidamente sublimándola, hasta que por la virtud de la fermentación de la Tierra (con la Piedra elevada o sublimada) toda la Piedra por reiteración desciende del Cielo a la Tierra, permaneciendo fija e íntegra. Esto es lo que dice el Filósofo: y de nuevo desciende a la Tierra. De esta manera, Ella recibe la fuerza de las cosas superiores, al sublimarse, y de las inferiores al descender; es decir, que lo que es corporal será hecho espiritual en la sublimación, y lo espiritual será hecho corporal en el descenso

PARTE DECIMA
UTILIDAD DEL ARTE Y EFICACIA DE LA PIEDRA

Por este medio tu poseerás la gloria de todo el mundo. Es decir, que por la Piedra ya compuesta, tu poseerás la gloriade todo el mundo. Y la oscuridad se alejará de ti, es decir, toda pobreza y enfermedad. Esta es la fuerza fuerte de toda fuerza. Porque no hay comparación posible de las fuerzas de este mundo con la fuerza de esta Piedra: Pues ella vencerá todo lo sutil, y penetrará todo lo sólido. Vencerá, es decir, venciendo y dominando ella cambiará y convertirá al Mercurio vivo congelándolo, él que es sutil, y penetrará a los otros metales, que son cuerpos duros, sólidos y compactos.

PARTE DECIMO PRIMERA
EL MAGISTERIO IMITA LA
CREACIÓN DEL UNIVERSO

EL FILOSOFO ofrece un ejemplo de la composición de la Piedra al decir: de esta manera el mundo ha sido creado es decir que nuestra Piedra está hecha de la misma manera como el mundo ha sido creado. Porque las primeras cosas de todo el mundo, y todo lo que está en el mundo, primeramente fueron una masa confusa y un caos sin orden, tal y como más arriba se ha explicado. Y después, gracias al artificio del soberano Creador, esta masa confusa, habiendo sido admirablemente separada y rectificada, fue dividida en cuatro Elementos; y a causa de esta separación se hacen diversas y diferentes cosas. Asimismo, se pueden hacer diversas cosas por la producción y disposición de nuestra obra, y ello por la separación de los Elementos de diversos cuerpos. Por ello, y de este modo, se obrarán aplicaciones prodigiosas. Es decir, si tu separas los Elementos, se harán admirables composiciones propias de nuestra obra, en la composición de nuestra Piedra, por la conjunción de los Elementos rectificados. De las cuales, es decir de las cosas admirables propias a ésta, el medio, a saber el procedimiento, está aquí.

PARTE DECIMO SEGUNDA
Declaración enigmática de la materia de la Piedra

Por eso yo he sido llamado Hermes Trismegisto, es decir, Mercurio tres veces grande. Después de que el Filósofo ha enseñado la composición de la Piedra, él muestra aquí veladamente de qué está hecha nuestra Piedra, nombrándose en primer lugar a sí mismo, con el fin de que los discípulos que alcancen esta ciencia recuerden siempre su nombre. No obstante, él señala de qué está hecha nuestra Piedra afirmando: Pues poseo las tres partes de la Filosofía de todo el mundo porque todo lo que está en el mundo, teniendo materia y forma, está compuesto de los cuatro Elementos. Aunque en el mundo hay una infinidad de cosas, el Filósofo las divide y las reduce a tres partes; en la parte mineral, vegetal y animal, y de todas en conjunto o separadamente se obtiene la verdadera ciencia, en la operación del Sol, o composición de la Piedra. Y es por esto que él dice: pues poseo las tres partes de la Filosofía de todo el mundo, y las tres contenidas en la Piedra, a saber, en el Mercurio de los Filósofos.

PARTE DECIMO TERCERA
Por qué la Piedra es llamada perfecta

Esta Piedra es llamada perfecta porque ella posee en sí la naturaleza de las cosas minerales, vegetales y animales. Por eso es llamada triple, o dicho de otra manera tri-una; es decir triple y única, teniendo cuatro naturalezas, es decir los cuatro Elementos y tres colores, el negro, el blanco y el rojo. También es llamada el grano de trigo, el cual si no muere permanecerá solo; y si muere (como anteriormente se ha dicho, cuando se conjuga en la conjunción) produce mucho fruto, a saber, cuando las operaciones de las que hemos hablado son acabadas. ¡Oh Amigo Lector! si tú conoces la operación de la Piedra, yo te he dicho la verdad; y si tu no la conoces, yo no te he dicho nada. Terminado y acabado está lo que he dicho de la obra del Sol. Es decir, lo que se ha dicho de la operación de la Piedra de tres colores y cuatro naturalezas, que están en una cosa única, a saber en el Mercurio filosofal, está acabada y terminada.

ALGUNOS COMENTARIOS

La traducción que utiliza Hortelano es la versión latina, que en algunos párrafos es algo distinta —aunque sin variar el sentido— a la versión árabe, que es la utilizada normalmente en todas las traducciones de la Tabla Esmeralda, y en las que se comienza así: "En verdad, ciertamente y sin duda...". La inclusión del término 'sin mentira' reafirma aún más si cabe lo verdadero y auténtico del Arte alquímico o Gran Obra, la certeza de su origen revelado y supra-humano, pues en realidad se trata de una ciencia sagrada, y hasta podríamos decir que, junto con la Astrología, constituye la ciencia sagrada por excelencia, ya que de ambas derivan todas las demás.

Todo el comentario de este primer capítulo se centra en lo sumamente importante que es para el alquimista experimentar en sí mismo las operaciones de la Gran Obra, que son las propias de todo proceso auténtico de ascesis y realización espiritual, pues no basta con que dichas operaciones se entiendan sólo a nivel teórico y mental, sino que han de hacerse efectivas en la práctica: han de ser vividas. La obra alquímica no es ajena al discurso de la existencia humana, sino que muy por el contrario constituye su paradigma, al mismo tiempo que un permanente recordatorio de lo que esa existencia es en lo esencial de sí misma. En este sentido, Titus Burckhardt señala que: " 'En verdad' se refiere a la esencia de lo revelado, y 'ciertamente y sin duda' a su experiencia subjetiva".

Esta fórmula hermética, que "Lo de abajo es como lo de arriba, y lo de arriba como lo de abajo...", ofrece la clave y la regla a seguir en todas las operaciones alquímicas, basadas en la certeza de que el cosmos constituye un todo ordenado y jerarquizado en distintos planos y niveles, los cuales se relacionan y vinculan entre sí gracias a las leyes de las analogías y las correspondencias simbólicas. Esto hace posible que "lo de abajo" (la Tierra o el hombre) se comunique y conozca "lo de arriba" (el Cielo), para lo que es necesario que en uno exista algo del otro, es decir, que vibren en una misma frecuencia de onda. Aquí aparece también otra máxima alquímica de suma importancia para el proceso de transmutación: "lo semejante atrae a lo semejante". O dicho de otra manera, ¿cómo podría alcanzarse el Conocimiento (la Piedra Filosofal) e identificarse con él, si éste no fuera inmanente a la propia realidad del mundo y de la vida? En este sentido, en casi todos los comentarios de Hortelano, la Tierra, el mundo de la naturaleza y el propio cuerpo humano, se consideran como los recipientes que recogen las emanaciones de los efluvios celestes, reflejando así las leyes del orden y la armonía universal. Como explica Julius Evola, en el cuerpo humano "se hallan los Tres, los Cuatro, los Siete y los Doce; Azufre, Mercurio y Sal; Tierra, Agua, Aire y Fuego; los Planetas; el Zodíaco... Arte hermético es iluminar de nuevo el sentido de las analogías, restableciendo la realidad de los contactos".

Alusión sin duda al "rocío celeste" vivificador, el cual simboliza el descenso de las energías (las ideas y arquetipos) espirituales en el seno de la individualidad humana, a la que transmutan revelándole su identidad con lo universal. En la iconografía alquímica es frecuente representar el cuerpo inerte del alquimista yaciendo en una tumba –imagen del athanor– o en el suelo (simbolizando la muerte iniciática), el cual cobra vida –resucita– gracias a las gotas de lluvia que sobre él descienden.

La separación y la conjunción no son otra cosa que la 'disolución' y la 'coagulación' –solve et coagula–, que se corresponden con las dos etapas o fases que determinan todo el proceso de transmutación. A una disolución corresponde la muerte a un plano, a una concepción del mundo y de nosotros mismos, y una coagulación: el nacimiento a otro.

Todo este capítulo alude directamente a la operación del Fiat Lux emanado del Logos o Palabra creadora, la que extrajo el orden –el cosmos– de las tinieblas del caos primigenio. Este caos es la propia substancia indiferenciada (la 'masa confusa' de que habla Hortelano) que contiene en estado potencial y latente todas las posibilidades de manifestación, ya sea de un mundo, de un ser, o de la manifestación universal en su conjunto, y que no se actualizarán en tanto no sean fecundadas, iluminadas, por la palabra del Espíritu. Los filósofos herméticos denominan a dicho caos "nuestro caos", simbolizado por la serpiente o dragón Uroboros, el cual vendría a ser una imagen de la "Materia de obra" o "Mercurio Filosofal" del que el alquimista, el artista, imitando el gesto cosmogónico del Dios creador, extraerá su propio ordenamiento interno.

Léase con el "Arte de la Alquimia". En este sentido, en el contexto alquímico y tradicional, la palabra 'artificio' procede de artifex, el que trabaja con arte, siendo el artifex o artesano por excelencia el propio Dios creador, también llamado Gran Arquitecto del Universo en las tradiciones occidentales de origen artesanal.

Alusión al Sol como el Logos spermatikós de los filósofos y alquimistas alejandrinos. El Sol –el oro filosofal– se asimila así al Espíritu del Mundo vivificador, en tanto que la Luna –la plata filosofal– simboliza el Alma del Mundo o matriz cósmica. En este sentido, en la Alquimia tántrica hindo-budista el Sol se corresponde con el dios Shiva, y la Luna con la Shakti, o potencia, del mismo, es decir con su Mujer. Se trata por tanto de la pareja arquetípica, del macho y de la hembra primordiales, de cuya unión o 'coito' perpetuo nacen todos los mundos, seres y cosas que constituyen la manifestación universal. En el hombre la unión del alma regenerada con su principio supra-individual, el espíritu, da lugar al andrógino, y al cual se refieren los alquimistas cuando hablan "de dos naturalezas y una sola esencia".

El fermento o alimento del Espíritu, de nuestro ser interno, es la propia fuerza, o voluntad de poder,esto es, el amor, entendido por lo más alto, que él mismo engendra al fecundar al alma o psiqué. Esto mismo tal vez tenga relación con lo que decía José de Maistre: "Goza la inteligencia con todo aquello que la revela".

El secreto de la obra reside en el equilibrio de las dos energías cósmicas que en la Alquimia reciben el nombre de azufre y mercurio, sometidas ambas a las influencias solares y lunares, y terrestres, respectivamente. La una es masculina y la otra femenina, y, como hemos señalado anteriormente, la conjunción o la adaptación mutua (representada por el 'casamiento alquímico' del Rey –el Sol– y de la Reina –la Luna–, seguido de una disolución y una muerte recíproca) genera el andrógino o rebis, esto es, el "Hijo de la Filosofía".

A la doble operación consistente en "fijar lo volátil y volatilizar lo fijo" aluden los textos alquímicos cuando dicen que el secreto de la obra consiste en "espiritualizar el cuerpo y corporeizar el espíritu", máxima que indica que cuando el influjo del Espíritu 'desciende' (promovido y atraído gracias al reiterado y prolongado proceso ritual de cocción, fermentación, destilación y sublimación llevado a cabo en el interior del athanor de la conciencia) éste 'fija' o 'coagula' todos los estados del ser, a los que actualiza haciéndolos permanentes. Dicha coagulación está sugerida por el propio cuerpo ('el cuerpo como realidad interna', al decir de Burckhardt), pues pese a su efímera existencia, éste constituye un todo acabado, un pequeño cosmos, motivo por el cual en los textos alquímicos siempre se le ha considerado como una imagen sensible y un símbolo vivo de la Piedra Filosofal. En el simbolismo constructivo, tan vinculado con la simbólica alquímica. La Piedra Filosofal es idéntica en cuanto a su significado a la "piedra angular" que corona todo el edificio, esto es, toda la 'obra'. Lo mismo podríamos decir de la "piedra cúbica en punta" del simbolismo masónico. Por otro lado, los alquimistas han dejado escrita esta otra sentencia plena de significado, y que guarda relación con lo que estamos diciendo: "Si declaramos espiritual nuestra materia, es verdad; si la declaramos corporal, no mentimos. Si la llamamos celeste, es su verdadero nombre. Si la denominamos terrestre, hablamos con propiedad".

Los alquimistas aconsejaban la virtud de la paciencia en todas las operaciones, añadiendo que "toda precipitación procede del diablo".

Los excrementos o estiércol son términos que designan la fase de la 'putrefacción' u 'obra al negro', durante la cual el alquimista muere a su condición profana para renacer a la vida nueva, simbolizada a su vez por la 'obra al blanco'. A esto mismo se refieren las palabras de San Pablo: "Sembrado en la corrupción resucitará en la Gloria".

Como podemos comprobar, todo el comentario a este capítulo gira alrededor de la necesaria e imprescindible rectificación o limpieza contenida en los distintos elementos: tierra, agua, aire y fuego, los cuales, siendo cuatro estados de la materia física, y progrediendo del más denso al más sutil, simbolizan otros tantos estados del alma. El resultado de la rectificación es la obtención de la Piedra Filosofal, tal y como queda indicado en el acróstico alquímico V.I.T.R.I.O.L., "Visita (o desciende) al Interior de la Tierra (de ti mismo) y Rectificando Encontrarás la Piedra Oculta". Precisamente, la Piedra Oculta se identifica también con la "quintaesencia", simbolizada por el éter, del cual surgen los diferentes elementos por adaptación en un movimiento centrífugo y expansivo, del 'interior' al 'exterior', y a ella retornan cuando han cumplido su ciclo de manifestación en un movimiento centrípeto y concentrativo (coagulador), o del 'exterior' al 'interior'. En realidad, con todo esto lo que se quiere decir es que la Piedra Filosofal —la quintaesencia— estaba ya al comienzo y al final de todo el proceso, y que la idea de una elaboración, de una búsqueda, y una obtención de la misma tendría que ver más con el hecho de 'despertar' la memoria y recordar (en el sentido de la 'reminiscencia' platónica) lo que uno mismo y las cosas son y siempre han sido. En este sentido, un texto alquímico asegura: "He aquí que os declaro lo que es desconocido: la Obra está con vosotros y en vosotros: si la halláis en vosotros, donde está continuamente, la poseeréis también siempre, allí donde vosotros estéis". A esto se refiere igualmente la expresión de la Tabla de Esmeralda: "El padre de todo, el Telesma del mundo, está aquí".

Referencia al hombre regenerado por el Arte como el intermediario entre el Cielo y la Tierra. Ubicado en el centro de sí mismo, es decir, habiendo recuperado el estado andrógino, el alquimista, como el chamán, asciende y desciende por la escala de los mundos, pues como decía Pernety "el hombre (regenerado) participa de las virtudes y propiedades de todos los seres". El conoce las cosas del mundo superior y del mundo inferior, ya que su naturaleza andrógina participa de los dos, de ahí que como intermediario entre uno y otro establezca su mutua comunicación. Pero en 'Sí mismo', esta distinción entre superior e inferior, como cualquier otra distinción, desaparece para dar lugar a la Unidad del Todo. "Uno el Todo" decían los maestros herméticos, lo que metafísicamente (es decir esencialmente) significa que el Ser —la Unidad— y su manifestación —el Todo— son una 'sola y misma cosa'.

En vez de 'gloria' en la versión común aparece la palabra 'luz', pero el significado viene a ser el mismo en ambos casos. Se trata de la Luz del Espíritu, de su Inteligencia creadora, que es "la luz verdadera que, viniendo a este mundo, ilumina a todo hombre", como se dice en el prólogo del Evangelio de San Juan. "Poseerás la gloria, o la luz, de todo el mundo", vendría a significar que el Conocimiento se habrá realizado de manera efectiva en él (es decir, que el hombre, restituido a su verdadera identidad, es ese mismo Conocimiento), alejándose "toda oscuridad y tinieblas".

La traducción árabe es quizá más clara y completa a este respecto, pues en lugar de "así el mundo ha sido creado", se dice: "Por tanto, el mundo pequeño está hecho a semejanza del grande". Vuelve a aparecer aquí la analogía entre lo de "arriba y lo de abajo", entre el macro y el microcosmos, el universo y el hombre.

Las "tres partes de la Filosofía (Sabiduría) de todo el mundo" alude sin duda alguna al conocimiento de los tres mundos, la Tierra, el Mundo Intermedio y el Cielo, los que conforman la estructura cósmica. Estos tres mundos se relacionan con las tres fases principales de la Gran Obra, simbolizadas por los tres colores alquímicos: el negro, el blanco y el rojo. La cuarta parte restante sería el dominio de lo inmanifestado, de lo supra-cósmico y lo innombrable. Por otro lado, en este comentario aparece claramente la función que Hermes Trismegisto se atribuía a sí mismo, y que servirá de modelo ejemplar a sus sucesores, los cuales, como Hortelano, han sido los transmisores y los mensajeros de la Filosofía y la Cosmogonía Perennes, expresadas tras el lenguaje velado, y revelador, de los símbolos hermético-alquímicos.

VI- LA SIMBÓLOGIA HERMÉTICO-ALQUÍMICA

Dos de las preocupaciones mayores que han obsesionado al hombre desde que el mundo es mundo, son la de la inteligencia y la de la riqueza. Dicho de otro modo, por una suerte de derivación del instinto de autoconservación, ha deseado entender cuál era su papel en esta vida y ha querido poseer, controlar, dominar su entorno. Al menos este es el punto de vista, el ángulo bajo el cual se ha querido explicar casi siempre la génesis de la Alquimia.

Sin embargo, existe otro punto de vista, menos exterior, menos científico, pero acaso más poético; y como la Alquimia es, al menos para nosotros, el Gran Arte de los Poetas, recurriremos a este punto de vista a la hora de efectuar el análisis de algunos de los símbolos que nos proponemos abordar. Se trata ni más ni menos que del mito bíblico de la Caída que, sin embargo, no podemos disociar de su contrapartida gloriosa: la Redención. Dicho con otro lenguaje, es la destrucción del Templo y su reconstrucción.

"Puedo destruir este Templo y reconstruirlo en tres días".

Tres días que aluden sin duda a los tres grandes pasos de la obra, simbolizados por los tres colores negro, blanco y rojo. Más adelante volvere a tocar el simbolismo del tres, tan importante en la ciencia hermética.

La inteligencia de la relación, misteriosa y secreta, entre las cosas del Cielo y las de la Tierra, entre las estaciones, las estrellas, la luna y los planetas y los múltiples aspectos de su propia vida, por una parte, y el deseo de obtener poder -leamos 'oro'- rápida y fácilmente, por otra, pueden ciertamente hallarse en la base de lo que se ha llamado 'alquimia', y sin duda así fue y es con muchos "presuntos" alquimistas.

Decimos 'presuntos' ex-profeso porque tras el estudio de los textos, cuando se ha podido profundizar un mínimo en el tema, cuando se ha llegado a una cierta familiaridad con sus teorías y símbolos, cuando "suavemente y con gran industria" has ido impregnándote de su lenguaje y de su esencia, acaba por resultar evidente que la Alquimia no tiene nada o casi nada que ver con todo eso.

"El oro es la inmortalidad" afirma un famoso aforismo de los Brâhmana y tanto para los hindúes como para nuestros alquimistas medievales, el oro es algo así como la 'luz mineral' o la 'luz coagulada'.

Si recordamos que para los antiguos egipcios la carne de los inmortales, de los dioses e incluso del faraón era de oro, acaso nos planteemos la, al menos, posibilidad de que quizás el oro que buscaban los alquimistas no era al fin de cuentas el metal que conocemos por este nombre.

Existe, tanto para el mago como para el alquimista una relación evidente entre la luz y el oro, entre el astro-rey y el preciado metal. Están en la misma 'signatura'. Para designar la luz solar, Píndaro hablaba del 'poder dorado del sol' y muchos de los poetas de la antigüedad expresan lo mismo con imágenes parecidas.

Los egipcios, en quienes según los mismos alquimistas hay que ver a los precursores de la ciencia hermética, opinaban que hay en los rayos solares un fluido vivifico, dador de la inmortalidad. Serán sin embargo los alquimistas medievales quienes declararán más abiertamente que dicho fluido debe ser captado y su estado volátil fijado o 'coagulado' para poder ser aprovechado. Como podremos apreciar a continuación, todos o casi todos los símbolos fundamentales de la Ciencia Hermética aludirán a esta misteriosa fijación.

Y volviendo al tema del oro, señalemos que para los alquimistas había oro y oro. No sin razón Juan Bautista Beckeri, que no hay que confundir con Daniel Beckeri, autor de una farmacopea espagírica, escribía en su Physica Subterranea (1669):

"Los falsos alquimistas sólo buscan hacer oro; los verdaderos filósofos sólo desean la ciencia; los primeros sólo hacen tinturas, sofisticaciones, ineptitudes y los otros inquieren sobre el principio de las cosas".

En su Novum Lumen Chymicum, el Cosmopolita señalaba que la inmortalidad del hombre ha sido la causa principal por la cual los Filósofos han buscado esta Piedra".

Partiendo, pues, de la hipótesis de que exista o haya existido la Piedra Filosofal, su principal aplicación era la de obtener el Elixir capaz de proporcionar a quien lo ingiere en las condiciones adecuadas la inmortalidad. Y esta inmortalidad dorada es la misma de la que nos hablaban los Brâhmana o los antiguos egipcios.

Y antes de entrar en el tema, recordemos que esa inmortalidad no debe ser vista como una prolongación indefinida de nuestro estado caído, con sus achaques, enfermedades y debilidades. La inmortalidad propugnada por los alquimistas es la restitución del estado divino del hombre, aquél que poseía antes de la Caída, su resurrección en el dorado mundo de luz, el Olam Habá de la cábala, que nuestros sabios autores del Siglo de Oro tradujeron por 'mundo porvenir' o 'mundo venidero'.

De él, veremos, nos habla sutilmente la simbólica hermético-alquímica por lo que constituye, en el sentido más genuino de la palabra, la tradición de Occidente.

Designamos por 'simbólica hermético-alquímica' tanto el conjunto de símbolos derivados del Corpus Hermeticum atribuido al dios egipcio

Toth que más tarde los griegos identificarían con su Hermes y los romanos con su Mercurio, como a los que nos han legado los alquimistas operativos o especulativos, de la Edad Media y del Renacimiento.

Según es tradición, Hermes Trismegisto era 'tres veces grande', escriba de los dioses y divinidad de la Sabiduría. Ello ha sido interpretado de muy diversas maneras. No es el momento ahora de detenemos excesivamente en este punto; señalemos únicamente la presencia del número tres, una verdadera constante en todo el simbolismo alquímico. Símbolo de la unión del Cielo y de la Tierra, de la trascendencia de la dualidad representada por el dos o por la oposición uno y dos, el tres se reencuentra en los tres colores básicos de la obra: el negro, el blanco y el rojo.

Si el rojo es, en cierto modo símbolo de lo dorado o de la luz, corresponde a la Encarnación gloriosa o al Cuerpo de resurrección; el blanco alude a la Albedo, purificación necesaria de la materia de la Gran Obra, simbolizada ésta por el negro. Por otra parte, y por ello decíamos que la simbólica hermético-alquímica podía constituir, en el sentido mas genuino de la palabra, la tradición de Occidente, el negro simboliza precisamente a ese Occidente del que ha de nacer el nuevo Oriente. Las tinieblas de las que nacerá la luz.

Mercurio es el escriba de los dioses y el mensajero entre el Cielo y la Tierra, lo cual le otorga su carácter trascendente. Divinidad de la Sabiduría lo es porque se ocupa de escribirla, y, sobre todo, porque la Sabiduría no es sino la unión del Cielo y de la Tierra.

Caduceo de Mercurio
(arte romano)

Al ir penetrando las creencias egipcias en el marco de la cultura griega, a través de varios autores entre los cuales cabe destacar a Plutarco de Queronea (su tratado Sobre Isis y Osiris ejerció una gran influencia sobre los alquimistas medievales), se atribuyó a Hermes-Toth toda una literatura escrita en griego, más o menos inspirada en las enseñanzas astrológico-mágicas egipcias.

Otras enseñanzas ocultas, particularmente las referidas a las virtudes secretas de las piedras y de las plantas o las relativas a la regeneración del hombre se hallan también en este Corpus Hermeticum. Su difusión en la antigüedad, la Edad Media y el Renacimiento fue enorme y no dudamos en afirmar que a partir del Corpus Hermeticum y de la famosa Tabula Smaragdina o Tabla de Esmeralda, se desarrolló casi toda la simbología hermética y alquímica cuyos elementos principales nos proponemos exponer.

Algunos autores modernos señalan que, al hablar de tradición hermética no se trata "sólo de las doctrinas incluidas en los textos alejandrinos del Corpus Hermeticum". Y, ciertamente, en la formación de este simbolismo han contribuido otros elementos, en mayor o menor medida, procedentes del cristianismo, las sectas cristianas primitivas, la cábala hebraica y no pocos autores islámicos. Tendremos también, de pasada, que referimos a ellos.

Resulta cuando menos curioso que toda esta literatura, sumamente extensa, acabara cristalizando en lo que se ha llamado la tradición alquímica. Esto le otorga, querámoslo o no, una importancia que, al menos para nosotros, occidentales, la hace digna de que profundicemos en ella, intentando liberarnos de los prejuicios típicos que señalamos al principio de este trabajo.

No pocos han sido, ciertamente, los historiadores que han querido ver en la Alquimia una suerte de química en estado infantil y subdesarrollado, y en su simbolismo un lenguaje críptico o secreto, reservado a Iniciados', deliberadamente oscuro u oscurecido por temor al profano, siempre ansioso de 'robar sus secretos'.

Los trabajos de Evola, Faivre, Tristan, Van Lennep o Jung, por citar sólo a unos pocos autores modernos y conocidos, bastarían para disipar este error o, al menos para poner un poco las cosas en su lugar, si no lo hubieran hecho ya los mismos alquimistas.

Aunque la mayor parte de ellos hayan recurrido a un lenguaje manifiestamente químico, son ellos mismos quienes nos avisan de que nunca debemos tomar sus palabras "al pie de la letra":

"Es sabido, escribe uno de ellos, que nuestro arte es un arte cabalístico, es decir que sólo puede ser revelado oralmente y que rebosa misterios... el que trate de explicar lo que han escrito los filósofos mediante el sentido ordinario y literal de las palabras, se encontrará encerrado en los meandros de un laberinto del que nunca podrá salir".

Otro excelente autor ya citado, el Cosmopolita escribía que:

"Los buenos autores, al principio de sus libros, ocultan esta ciencia".

Hay pues, debemos admitirlo, un intento deliberado de evitar que el no-iniciado, el profano, penetre en el palacio Cerrado del Rey, pero sin duda esta ocultación se debe a razones distintas de las que se le achacan. Se basa más en el respeto que en la envidia, más en el amor del símbolo, del misterio, del objeto de la búsqueda del alquimista, que en las ganas infantiles de ocultar sus hallazgos. Si los alquimistas no hubieran querido que nadie accediera a sus conocimientos no se hubieran escrito los casi cien mil libros que tratan de este Arte.

Por otra parte, si en muchas ocasiones los textos nos parecen oscuros y complicados es porque a menudo no tenemos el bagaje intelectual y simbólico necesario para acercamos a ellos porque carecemos también de la luz interior imprescindible para iluminarlos y porque nos falta la simplicidad de espíritu que permite que su luz penetre en nosotros.

Una exposición racional de los símbolos, el estudio por métodos 'universitarios', puede resultar asaz estéril si éstos no logran que nos involucremos. Los símbolos utilizados por los antiguos alquimistas son algo así como variaciones sobre un mismo tema. Pertenecen a lo que Guénon llamaba "símbolos fundamentales de la Ciencia Sagrada", una ciencia distinta de la que se imparte en nuestras aulas.

El Caduceo, por ejemplo, que es el atributo hermético por excelencia, la vara de Hermes entrelazada con dos serpientes, nos evoca al mismo tiempo un simbolismo tan arquetípico como es el de la vara (recordemos la vara de Moisés -Ex. XVII, 5 y 6-, el bordón del peregrino de Santiago, o si queremos, los bastos de la baraja española), Y el del número tres, las dos serpientes y la vara, que como vimos se aplicaba a Hermes-Mercurio, el tres veces grande, y vuelve a aludir a la Gran Obra.

Una de las múltiples explicaciones que se han dado del símbolo del Caduceo es la que afirma que Mercurio hizo que se enroscaran en él dos serpientes que luchaban entre ellas. Se trata de nuevo de los dos principios, del Cielo y de la Tierra, de lo fijo y de lo volátil, y la vara no hace sino disolver lo fijo y fijar lo volátil uniéndolos.

Caduceus, de kerykeion, procede del verbo kerykeio, publicar, anunciar. Por otra parte, en astrología, Mercurio es el regente del signo de Géminis, el tercer signo zodiacal compuesto por dos hermanos gemelos, vemos de nuevo aquí al dos y al tres, signo al que pertenecen la palabra hablada y escrita, las publicaciones, etc...

Para los alquimistas el papel anunciador del Caduceo se debe a su asociación con la Estrella, otro de los símbolos mas importantes de su acervo. La Estrella resulta de la conjunción de los triángulos del Agua y del Fuego (otro modo de hablar del cielo y de la Tierra o del Arriba y del Abajo), que muchos autores relacionan con la Estrella de los Reyes Magos, que les anunció y condujo hasta el nacimiento de Cristo, símbolo para ellos de la Piedra, el Lapis Philosophorum.

También se ha relacionado al Caduceo con el Gallo, que nos anuncia el día, animal que los galos consagraban precisamente a Mercurio.

Si recordamos que en la antigüedad esta ave se inmolaba a Príapo y a Esculapio para obtener la curación de los enfermos, práctica que aún en nuestros días se realiza en ciertos ritos brasileños y haitianos, no nos extrañará que el caduceo sea el símbolo de médicos y farmacéuticos en varios países europeos.

Las correspondencias simbólicas entre el Caduceo y las tres columnas del árbol cabalístico ya han sido señaladas por diversos autores. Las columnas de Rigor y Misericordia corresponden a las dos serpientes. Son lo que se conoce en los Midrashim como "la buena inclinación" y la "mala inclinación" o si lo preferimos, "las buenas costumbres" y "las malas costumbres" de la simbólica franc-masónica, que no es en modo alguno opuesta a la alquímica.

La Columna central, llamada "de justicia" corresponde exactamente a la vara del Caduceo, que es la de la Libertad, una vez trascendidas las 'buenas' y las 'malas' inclinaciones. Es la vara que separa y que une "solve et coagula".

Otro de los atributos de Mercurio, no menos rico en contenido, es la lira. Para Cirlot, es un "símbolo de la unión armoniosa de las fuerzas cósmicas". Por otra parte, como símbolo de los poetas, la lira nos indica que el arte hermético es un arte poético y divino, de poeio, "yo hago".

Basándose en relatos mitológicos, el célebre antropólogo Jean Servier considera la lira como "un altar simbólico que une el Cielo y la Tierra". La música, como la Palabra es el fruto de esta unión, de esta fecundación cósmica. No olvidemos tampoco la relación entre la voz (o la palabra) y el gallo. ¿No se llama gallo a un sonido desentonado?

Caduceo de Mercurio con dos serpientes
enroscadas enfrentándose y un ave en su cúspide.
Marca de Johann Froben, Basilea 1515.

El nacimiento de Mercurio tuvo lugar en una montaña porque, escribe Dom Pernety: "El mercurio filosófico nace siempre en las alturas". Después de nacer, Mercurio fue lavado con el agua recogida en tres fuentes (de nuevo el número tres) porque, afirma Pernety, "el Mercurio filosófico debe ser purgado y lavado tres veces en su propia agua" por lo que Miguel Maier escribe:

"Mira a esa mujer cómo lava la ropa... Imítala, su arte no te traicionará".

Las dos serpientes que antes hemos asociado al Cielo y a la Tierra son, para Pernety, Macho y Hembra y representan las dos sustancias mercuriales de la Obra, una fija y otra volátil, la primera de ellas cálida y seca y la segunda fría y húmeda, que los filósofos llaman serpientes, dragones, hermano y hermana, esposo y esposa, agente y paciente".

Se trata de la sustancia fija y de la volátil que, escribe Pernety "tienen cualidades aparentemente contrarias, pero la vara de oro regalada a Mercurio por Apolo pone de acuerdo a estas serpientes".

Que Mercurio naciera en una montaña ha sido objeto de diversas interpretaciones. Para algunos alquimistas la montaña es un símbolo del horno o del atanor. Para otros, las montañas corresponden a los metales, y finalmente, para los cabalistas, la montaña es un símbolo del propio adepto. Pero si volvemos a lo que decíamos al principio, si asociamos el caduceo de Mercurio con la estrella de los Magos, fruto de la unión del Cielo y de la Tierra, veremos que se trata de lo mismo. En la Montaña tienen lugar las teofanías porque es el lugar donde el Cielo se une a la Tierra. Por otra parte, podemos ver en el simbolismo de la montaña y la cueva, otro modo de decir 'El pesebre', a los dos triángulos unidos situándose el de Agua o la cueva, que corresponde también al corazón, en el centro de la montaña.

Ahondando en el apasionante simbolismo hermético de la Estrella de los Magos, llamada también Sello de Salomón o Estrella de David, veremos que si desde fuera nos presenta sus seis puntas, símbolo del hombre exterior, creado el sexto día según la tradición cabalística y cuyas puntas deben ser 'limadas' o 'pulidas', en su interior se encuentra el hexágono, símbolo de la abeja, en hebreo Dbrah, que, según la cábala alude a Dabar (la Palabra). Es la Palabra Abandonada o Perdida, el Verbum Dimissum, aquel Verbo del cual el Evangelio de San Juan (I-14) afirma que se hizo carne y habita entre los hombres.

El aspecto celeste de la lira lo podemos ver en sus siete cuerdas, que corresponden a los siete planetas o a los siete pasos de la Gran Obra o, en el caso de la lira de Timoteo de Mileto, de doce cuerdas, a los doce signos zodiacales o a las doce operaciones de la Gran Obra. El aspecto terrestre y receptivo hemos de verlo en su forma.

Por otra parte, los dos triángulos, que corresponden como hemos visto a lo fijo y a lo volátil, al azufre y al mercurio filosóficos, al unirse, realizan la unión integral de los cuatro elementos.

El símbolo principal del Arte hermético lo constituye, como hemos ido viendo, esta unión en la que tras la disolución de lo fijo tiene lugar la fijación de lo volátil. Son las Bodas Químicas, el matrimonio del Rey y de la Reina. Trasponiendo este simbolismo a otro plano, es nuestra unión iniciática con el ángel, con nuestra contraparte celeste que ha de disolver nuestra mugre y coagular y exaltar cuanto de divino hay en nosotros; es el Despertar de la Palabra Perdida, o enmudecida o, dicho de otro modo, de la Bella Durmiente del Bosque, del mismo Bosque del cual nos habla Dante al principio de su Divina Comedia que constituye el principio de la Obra de la Regeneración.

LOS SIETE PRINCIPIOS HERMÉTICOS. RESUMEN

* El Universo es una creación **mental** del **TODO** y tu eres la parte más importante de su creación al darte la capacidad de ser como **EL,** crear con el poder de tu mente tu propio Universo. Todo lo que llega a tu vida bueno o malo, lo has atraido tu con tus pensamientos.

* En el Universo todo esta en **correspondencia**. Como es arriba es abajo; como es adentro es afuera. Como tu actues con los demas así actuaran contigo. Dando es que recibiras.

* Todo **vibra** nada está estático, todo se mueve. Cuanto más avances en tu desarrollo espiritual y material, más puras,

energéticas, ordenadas y eficientes seran tus vibraciones y más facil te sera mejorar tu Universo.

* Existe un **ritmo.** Todo fluye y refluye, todo asciende y desciende; el Universo se mueve bajo la ley del pendulo. Pero podemos sobreponernos a la fase de negativa si conocemos las leyes que nos permiten ascender a niveles superiores del ritmo y entrar en un nuevo ritmo en su fase positiva.

* Todo tiene dos **polos**, todo un par de opuestos. Los opuestos son ideinticos en naturaleza, pero diferente en grado. Los extremos se tocan. Las verdades son semiverdades. Las paradojas pueden reconciliase. Avanzando al punto central se llega al equilibrio y al progreso.

* Cada **causa** tiene su **efecto**. No existen las casualidades, existen las causalidades. Lo que siembres, eso recogeras. Es Karmatico, no puedes escapar de ello. Las bondades son recompesadas y las maldades castigadas. Todo verdadero maestro es un ser de perdon.

* El **género** se manifiesta en todos los planos. El principio masculino proyecta su voluntad sobre el principio femenino y este es el que comienza la obra evolutiva. Son incluyentes no excluyentes.

Todo esta en el **TODO**, tambien el **TODO** esta en todas las cosas.

Toda la inteligencia y sabiduria del úniverso está dentro de nosotros mismos. Todos los descubrimientos científicos, artísticos y tecnológicos han sido hechos por los hombres utilizando unicamente su cerebro para hallar las soluciones a los problemas. El creador nos hizo capaces de resolver todas nuestras necesidades y desarrollar la humanidad aquí en la tierra, no solo materialmente sino espiritualmente para que al final del camino podamos integrarnos nuevamente con EL mismo.

EL nos creo como dioses en miniatura, pero con todas la capacidades de EL mismo. Cada uno de nosotros lo sabe todo. Solamente necesitamos abrir nuestras capacidades mentales y escuchar nuestra propia sabiduria.

Somos una parte inseparable del Reino, porque él esta dentro de nosotros y nosotros estamos en él. Somos hijos del Padre Viviente.

Somos capaces de crear nuestro propio universo y alcanzar las más altas aspiraciones materiales y espirituales con solo pedirlo, con solo buscarlo, con solo tocar a la puerta del ignoto con nuestras mentes. Usando solamente esa fantastica fuerza de nuestras ideas, pensamientos, sentimientos e imaginación. Usando nuestra mente en forma eficiente, convertiendo todo esto en una vision anticipada de lo que deseamos y vamos a lograr.

Todo lo que la mente puede concevir puede convertirse en realidad.

Todo lo que tienes y eres en tu vida lo has atraido a ella por la fuerza de tus ideas, pensamientos y sentimientos. Estas energías han creado el úniverso en que vives ahora, te guste o no. Si deseas cambiar tu vida, cambia tus ideas, pensamientos y sentimientos.

EL tiene un plan contigo y te creo para que adiciones algo que falta en este mundo. Tu eres el único que lo puedes hacer y depende te ti completar eso que falta.

Para mostrarte eso he escrito este libro.

Que Dios los bendiga a todos,

Profesor: Lázaro R González, Sarasota, Florida Octubre 21, 2007

Para Comentarios, críticas, sugerencias, referente a este libro o consultas, conferencias o servicios de Rei-ki, Feng-Shui, Numerología, Astrología o Hermetismo escriba a la dirección siguiente y con mucho gusto uno de nuestros asociados le responderá.

Grupo Metafisico "Romel B Paz"
2256 Constitution Boulevard
Sarasota, Fl. 34231
e-mail: RomelBPaz@yahoo.com